CLASSE TERMINALE
Métiers de la comptabilité et du secrétariat

BEP

Activités commerciales et comptables

Guide pédagogique

Jean-Claude Arnoldi Professeur d'IUFM
Guy Van Assche Correspondant formation continue IUFM et professeur de lycée professionnel

FOUCHER

ISBN 2-216-08955-9

AVANT-PROPOS

Cette nouvelle édition, entièrement refondue, et conforme au référentiel, intègre en un seul pôle les activités comptables et commerciales.
Elle repose sur trois principes :
• *Prendre en compte le passage à la monnaie unique*. Les informations et applications relatives à l'euro sont présentes dans tous les chapitres où la problématique se pose.
• *Intégrer l'informatique*. Quatre dossiers d'activités informatisées mettent en œuvre l'ensemble des logiciels à étudier en BEP, ainsi que les outils de communication (Internet, Minitel, télécopie). Les dossiers pourront être traités en travaux professionnels et serviront aisément de base aux évaluations de l'épreuve EP1.
• *Faciliter la navigation dans l'ouvrage*. Les chapitres sont en trois phases (découverte, application, entraînement) très facilement repérables et pouvant être détachées.

■ **Structure d'un chapitre :**

1 *Une phase Découverte.*
Subdivisée en deux ou trois notions clairement identifiées, la phase *Découverte* met rapidement en place les connaissances de base.

2 *Une phase Application.*
Les applications suivent pas à pas la progression des notions. Le professeur peut ainsi proposer une application à la suite de chaque notion, ou traiter toutes les applications en fin de leçon.

3 *Une phase Entraînement.*
Des travaux prenant appui sur la réalité professionnelle des métiers de la comptabilité et du secrétariat permettent une synthèse des notions abordées. Ils se terminent par un résumé à compléter en autonomie par l'élève.

■ **En fin d'ouvrage :**
• 7 dossiers d'étude pour entraîner l'élève et conforter ses acquis sur un thème regroupant plusieurs chapitres ;
• 4 activités informatisées permettant aux élèves d'utiliser les outils informatiques appropriés à la gestion commerciale et comptable.

Ce guide pédagogique est commun aux deux manuels : métiers de la comptabilité et métiers du secrétariat, matérialisés chacun par un logo.
Ce dernier, présenté dans le sommaire à double entrée, permet de différencier les deux pôles et se positionne en tête de chaque chapitre. L'insertion des logos, à l'intérieur des chapitres, situe les corrections propres à chaque métier pour des activités précises (découverte, application, entraînement).
Pour les dossiers d'étude et les activités informatisées, les chapitres étant communs, les logos apparaissent uniquement pour les pages spécifiques.

Pages	Sommaire	Chapitres métiers de la comptabilité	Chapitres métiers du secrétariat
	La comptabilisation des opérations commerciales		
5	La TVA, les cas particuliers du droit à déduction	1	1
9	Le journal des achats	2	2
16	Le journal des ventes	3	3
23	La déclaration de TVA pour les ventes de biens	4	4
33	La déclaration de TVA pour les prestations de services	5	
	Les opérations de trésorerie		
39	Les composantes de la trésorerie à court terme	6	5
45	Le fonctionnement d'un compte bancaire ou postal	7	6
49	Le chèque bancaire ou postal	8	7
56	La comptabilisation des chèques	9	8
61	Le virement et le prélèvement	10	9
65	Les cartes bancaires	11	10
67	Les cartes bancaires, comptabilisation	12	11
71	La lettre de change papier	13	12
80	La lettre de change relevé magnétique	14	13
85	Les effets à payer papier	15	14
93	Les effets à payer magnétiques LCR	16	15
97	Les effets à recevoir papier	17	16
105	Les effets à recevoir magnétiques LCR	18	17
110	Le journal de trésorerie	19	18
	Les opérations périodiques		
114	Les contrôles de la trésorerie	20	19
120	Le contrôle des comptes de tiers	21	20
126	Les charges de personnel	22	
134	Les documents de synthèse	23	
	Les dossiers d'étude		
139	Les achats	1	1
141	Les ventes	2	2
144	La déclaration de TVA	3	3
148	Les règlements par chèques	4	4
150	Les effets de commerce	5	5
155	La trésorerie	6	6
157	Le contrôle des comptes de tiers	7	7
	Les activités informatisées		
161	Les activités liées aux tâches préparatoires	1	1
164	Les activités liées aux opérations de vente	2	2
168	Les activités liées aux opérations d'achat	3	3
171	Les activités liées aux règlements différés	4	4

La TVA, les cas particuliers du droit à déduction

1 COMPTABILITÉ

1 SECRÉTARIAT

Les points forts de la leçon

Il est essentiel de débuter par un rappel du principe de la TVA (chapitre16 du tome 1 page 92).
Les élèves doivent assimiler la notion de « déductibilité », c'est-à-dire l'avance de la TVA lors de l'achat et la « récupération » lors de la déclaration de TVA.
Ce chapitre ne retient que les situations d'acquisition et de réparation des véhicules, la TVA sur les carburants, l'hébergement et la restauration.
Les élèves devront retenir que toutes les TVA incluses dans les achats effectués pour les besoins de l'entreprise sont déductibles sauf :
- la TVA sur les achats (et les réparations) des véhicules de tourisme ;
- la TVA figurant sur les dépenses d'hôtel et de restaurant au bénéfice des tiers ;
- la TVA sur les carburants destinés à un véhicule de tourisme n'est pas récupérable, sauf la TVA sur le GPL.

La TVA sur les carburants d'un véhicule utilitaire est récupérable, sauf la TVA sur l'essence ordinaire ou le super.

Le plus du professeur

Définir ce qu'est un véhicule de tourisme : voiture ne transportant que des personnes (5 places).
Refaire une lecture de la réglementation fiscale en indiquant les cas de déduction (achat ou réparation d'un véhicule utilitaire, TVA sur gazole d'un véhicule utilitaire…).
Comparer le coût pour une entreprise de l'acquisition de 2 véhicules (un utilitaire et une voiture de tourisme) d'un prix TTC identique.
Le « Résumé » proposé en fin de chapitre constitue une fiche de soutien que les élèves devraient toujours avoir à leur disposition.

Découverte

1. Les exclusions et les restrictions du droit à déduction de la TVA

Vous travaillez aux Établissements PLASTIC, fournitures en plastique pour hôtels et restaurants.

▶ **Étudiez** la réglementation fiscale.

1. Hébergement et restauration
Les dépenses d'hôtel, de restaurant, de spectacles, de réceptions supportées au bénéfice des dirigeants et des salariés des entreprises n'ouvrent pas droit à la déduction de la TVA.

2. Véhicules de tourisme
La TVA sur les véhicules ou engins conçus pour transporter des personnes (véhicules de tourisme) est exclue du droit à déduction.
De même, les éléments constitutifs (pièces détachées et accessoires), l'entretien et les réparations de ces véhicules de tourisme n'ouvrent pas droit à la déduction de la TVA.

3. Produits pétroliers
La TVA sur les achats d'essence (ordinaire ou super) utilisée pour tous les types de véhicules est totalement exclue du droit à déduction.
La TVA sur les achats de gazole utilisé pour les véhicules de tourisme est totalement exclue du droit à déduction.
La TVA sur les achats de gazole utilisé pour les véhicules utilitaires est déductible.
La TVA sur le GPL (gaz de pétrole liquéfié) est déductible pour tous les types de véhicules.

▶ **Précisez** par une croix si la TVA est déductible ou non et **justifiez votre choix** dans les cas suivants.

TVA figurant sur une facture d'achat	TVA déductible	TVA non déductible	Justification fiscale
TVA sur l'achat d'une camionnette	*X*		*véhicule utilitaire*
TVA sur l'achat d'une 406 de tourisme		*X*	*véhicule 5 places de tourisme*
TVA sur l'achat de gazole pour la camionnette	*X*		*véhicule utilitaire*
TVA sur l'achat de gazole pour la 406		*X*	*véhicule de tourisme*
TVA sur l'entretien de la camionnette	*X*		*véhicule utilitaire*
TVA sur l'entretien de la 406		*X*	*véhicule de tourisme pour les besoins de l'entreprise*
TVA sur une note d'hôtel au profit d'un client d'une entreprise	*X*		
TVA sur une note d'hôtel du représentant de l'entreprise		*X*	*salarié de l'entreprise*

2. La comptabilisation des achats avec une TVA non déductible

▶ **Analysez** ces documents.

Nature de l'achat des établissements PLASTIC :
Immobilisation ☒ Charge ☐

La TVA est-elle déductible ? *Oui*

Pourquoi ? *Véhicule utilitaire*

Nature de l'achat des établissements PLASTIC :
Immobilisation ☒ Charge ☐

La TVA est-elle déductible ? *Non*

Pourquoi ? *Véhicule de tourisme*

▶ **Précomptabilisez** les deux factures.

Bordereau de saisie — **Folio n° 1**

Journal des achats

Date	N° Fact.	Nom du tiers	N° compte	Intitulé du compte	Débit	Crédit
12/04	*228*	*Garage Renoir*	*2 1 8 2 0 0*	*Matériel de transport*	*9 138,80*	
.../...			*4 4 5 6 2 0*	*TVA déduc. sur immo.*	*1 791,20*	
.../...			*4 0 4 1 8 1*	*Garage Renoir*		*10 930,00*
14/04	*245*	*Garage Renoir*	*2 1 8 2 0 0*	*Matériel de transport*	*14 000,00*	
.../...			*4 0 4 1 8 1*	*Garage Renoir*		*14 000,00*
.../...						
				Vérification	*24 930,00*	*24 930,00*

Application

1. Les exclusions et les restrictions du droit à déduction de la TVA

▶ **Précisez** par une croix si la TVA est déductible ou non et **justifiez votre choix** dans les cas suivants.

TVA figurant sur une facture d'achat	TVA déductible	TVA non déductible	Justification fiscale
TVA sur l'achat d'une 206 cinq portes, cinq places		*X*	*5 places = véhicule de tourisme*
TVA sur l'achat de GPL pour la 206		*X*	
TVA sur l'entretien de la 206		*X*	
TVA sur une note de restaurant pour 2 personnes, un client et le directeur de l'entreprise	*1/2*	*1/2*	*La moitié n'est pas déductible*

2. La comptabilisation des achats avec une TVA non déductible

La TVA est-elle déductible ?

Pourquoi ? *Non*

Entretien d'un véhicule de tourisme

La TVA est-elle déductible ? *Non*

Pourquoi ? *Achat d'essence*

La TVA est-elle déductible ? *Oui*

Pourquoi ? *Véhicule pour le transport de marchandises*

La TVA est-elle déductible ? *Non*

Pourquoi ? *Véhicule de tourisme*

La TVA est-elle déductible ? *Non*

Pourquoi ? *Dépense d'hôtel*

▶ **Précomptabilisez** sur le bordereau de saisie du journal des achats.

Bordereau de saisie — **Folio n° 1**

Journal des achats

Date	N° Fact.	Nom du tiers	N° compte	Intitulé du compte	Débit	Crédit
23/06	*313*	*Garage Renoir*	*6155000*	*Entretien*	*150,00*	
.../...			*4011180 1*	*Garage Renoir*		*150,00*
24/06	*314*	*Garage Renoir*	*6155000*	*Entretien*	*113,71*	
.../...			*4456610*	*TVA/ABS*	*22,29*	
.../...			*4011180*	*Garage Renoir*		*136,00*
24/06	*315*	*Relais Antar*	*6061100*	*Fournitures non stockables*	*43,00*	
.../...			*4011012*	*Relais Antar*		*43,00*
25/06	*316*	*Relais Antar*	*6061100*	*Fournitures non stockables*	*30,00*	
.../...			*4011012*	*Relais Antar*		*30,00*
25/06	*317*	*Bed and Breakfast*	*6251100*	*Voyages et déplacements*	*28,00*	
.../...			*4011999*	*Fournisseurs divers*		*28,00*
.../...						
.../...						
.../...						
.../...						
				Totaux	*387,00*	*387,00*

Entraînement

▶ **Précomptabilisez** sur tickets comptables les factures.

L'entreprise possède une camionnette de livraison et un véhicule de tourisme (une « Clio ») pour visiter les clients.

Ticket comptable n° 1

Date : *23/10* Code JA : *HT*	Pièce justificative — Nature : *Facture* Référence : *Station de l'Escaut n° 411*	
Comptes	**Débit**	**Crédit**
6061100	*40,00*	
4011192		*40,00*
Vérification	*40,00*	*40,00*

Ticket comptable n° 2

Date : *23/10* Code JA : *HA*	Pièce justificative — Nature : *Facture* Référence : *Station de l'Escaut n° 412*	
Comptes	**Débit**	**Crédit**
6061100	*31,77*	
4456600	*6,23*	
4011192		*38,00*
Vérification	*38,00*	*38,00*

Ticket comptable n° 3

Date : *25/10*	Pièce justificative	
Code JA : *HA*	Nature : *Facture* Référence : *Station de l'Escaut n° 413*	
Comptes	**Débit**	**Crédit**
615000	55,00	
401192		55,00
Vérification	55,00	55,00

Ticket comptable n° 4

Date : *25/10*	Pièce justificative	
Code JA : *HA*	Nature : *Facture* Référence : *Relais du Ski n° 414*	
Comptes	**Débit**	**Crédit**
625100	36,72	
445660	3,28	
401181		40,00
Vérification	40,00	40,00

1/2 de la TVA est déductible soit 6,56/2
Montant en 6251 = 40 – 3,28

Résumer

► **Cochez la case** correspondant à la réponse.

Dans quels cas la TVA est-elle déductible ?

- – TVA sur l'achat d'une voiture cinq portes, cinq places : déductible ☐ non déductible ☒
- – TVA sur l'achat d'une camionnette : déductible ☒ non déductible ☐
- – TVA sur l'entretien d'une voiture cinq portes, cinq places : déductible ☐ non déductible ☒
- – TVA sur la réparation d'un camion : déductible ☒ non déductible ☐
- – TVA sur l'achat de gazole pour un véhicule utilitaire : déductible ☒ non déductible ☐
- – TVA sur l'achat de gazole pour un véhicule de tourisme : déductible ☐ non déductible ☒
- – TVA sur l'achat de GPL pour un véhicule utilitaire : déductible ☒ non déductible ☐
- – TVA sur l'achat de GPL pour un véhicule de tourisme : déductible ☒ non déductible ☐
- – TVA sur l'achat d'essence pour un véhicule utilitaire : déductible ☐ non déductible ☒
- – TVA sur l'achat d'essence pour un véhicule de tourisme : déductible ☐ non déductible ☒
- – TVA sur les dépenses d'hôtel du représentant : déductible ☐ non déductible ☒
- – TVA sur les dépenses de restaurant pour un client : déductible ☒ non déductible ☐

Le journal des achats

2 COMPTABILITÉ 2 SECRÉTARIAT

Les points forts de la leçon

Il s'agit de revoir l'analyse et la précomptabilisation des factures d'achat et des avoirs étudiés en première année en introduisant un nouveau support de précomptabilisation : le livre des achats avec colonnes de dépouillement.
L'utilisation du rétroprojecteur pour l'étude ligne par ligne de l'exemple introductif est souhaitable. La tenue du journal commence par le compte crédité car dans toute facture il n'y a qu'un net à payer alors qu'il peut y avoir plusieurs explications du calcul de ce montant (des marchandises, plus de la TVA, plus du transport...)
L'intérêt de cette méthode de précomptabilisation réside dans le contrôle en bas de page et le gain de temps en saisie par la reprise des totaux de chaque colonne (exemple : le compte 607 sera débité en une seule fois pour le total et non à chaque facture de la période).
La pré-imputation (ou analyse) sur les documents est la plus importante. Elle doit être corrigée avant de précomptabiliser sur le journal des achats. Utiliser si possible les calculatrices à bandes imprimantes.

Le plus du professeur

Attention cette forme de précomptabilisation n'est qu'une méthode parmi d'autres.
La saisie lors de la séance de travaux professionnels du journal des achats sur le logiciel comptable est souhaitable (avec création des comptes en cours de saisie). L'édition du brouillard et du grand livre permettra de rendre concrète cette leçon.
Si possible, montrer aux élèves un journal type Exacompta.

Découverte

▶ **Répondez** aux questions suivantes :

Quel est le compte crédité à la première ligne ? ...*401.12 Fournisseur Lembert*...

Quels sont les comptes débités dans la première opération ? ...*607 + 44566 + 62410*...

Quelle est la pièce justificative de cette opération ? *La facture 124*...

Que signifie la colonne « JR » ? *Jour*... Que signifie le « 6 » dans la colonne « LA » ? ..*Facture*...

Pour quelle raison la colonne « Divers » a-t-elle été utilisée pour la facture n° 126 ?

Pas de colonne réservée pour le compte 6063...

Quelle est la nature du document n° 128 ? *Avoir*...

Le total des colonnes de ventilation (achats, TVA...) sera saisi ou centralisé et non le détail facture par facture.

Quel montant sera saisi dans le logiciel de comptabilité pour le compte 60700 ? *2 950,00*...

Pour les comptes crédités, le jour, le numéro de compte, le montant et le libellé seront saisis. Surlignez dans le journal les éléments à saisir pour la facture 124. *Le 04/03 ; compte 40112 ; crédité pour 1 994,72 ; en libellé facture 124 de Lembert*...

Application

1. La tenue du journal des achats

► **Numérotez** les factures et **surlignez** le nom du tiers, la date de comptabilisation et le numéro de facture.

► **Sélectionnez** sur chaque document les montants à comptabiliser et **indiquez** le numéro du compte intéressé (suivre l'exemple de la première facture).

DOLNAY - *Bois en gros* — N° 218

18 rue d'Evreux - 27140 Gisors
Siret 203 458 245 00011 - Tel : 02 32 27 60 28

Meubles DUCHÊNE
24 rue d'Ecouis
27000 Evreux

Facture N° 2156 — Le 02/10/--

Désignation		Montant
Lot de planches		1450,00
Remise 10 %		1450,00
Montant net	n° 601000	1305,00
Frais de port	n° 624100	15,00
Total hors taxe		1320,00
TVA à 19,60 %	n° 445660	258,72
Net à payer en EUROS au 31/10/--	n° 401041	1578,72

LA CHAISE D'IWUY — N° 219

18 rue de Cambrai - 59144 IWUY
RCS Cambrai A 214 587 684 - Tel : 03 27 37 90 31

Meubles DUCHÊNE
24 rue d'Ecouis
27000 Evreux

Facture N° 1245 — Le 03/10/--

Désignation	Qu.	PU		Montant
Chaises Clémence	24	45,8		1 099,20
Remise 10 %				109,92
Montant net			n° 607000	989,28
Frais d'assurances			n° 616360	11,20
Total hors taxe				1 000,48
TVA à 19,60 %			n° 445660	196,09
Net à payer en EUROS au 15/11/--			n° 401031	1 196,57

Même méthode pour les autres factures.
Il est souhaitable de prévoir une précorrection avant la tenue du journal.

▶ **Précomptabilisez** les factures dans le journal des achats, **totalisez** les colonnes et **contrôlez** l'égalité « débits = crédits ».

JOURNAL DE : *ACHATS*

Code journal : A C — Mois : 1 0 — Année : — Folio : 0 1

N°	JR	CRÉDIT N° de compte	CRÉDIT Crédit	LA	N° de Doc	Nom du tiers	CONTREPARTIE DÉBIT Divers N° Cpte	Divers Débit	TVA déduct. sur ABS	TVA déduct. sur immob.	Achats de Mat. 1ères	Achats de marchandises	Transport sur achats	Fournitures non stockables
1	02	401041	1 578,72	6	218	Dolnay			258,72		1 305,00		15,00	
2	03	401031	1 196,57	6	219	Chaise d'Iwuy	616360	11,20	196,09			989,28		
3	04	404000	3 229,20	6	220	ITAC	218300	2 700,00		529,20				
4	05	401191	55,00	6	221	Station de l'Eure	615000	45,99	9,01					
5	10	601000	225,00	4	222	Dolnay	401041	269,10						
6		445660	44,10											
7	12	401201	1 395,39	6	223	Toutal	606400	1 178,50	228,68					
8		765000	11,79											
9	13	401999	47,60	6	224	Auberge de la forêt	625000	43,70	3,90					
10	18	404000	9 990,00	6	225	Bourlard	218200	9 990,00						
11	20	401192	3 763,81	6	226	Scierie du parc			616,81		3 132,00		15,00	
12	23	609700	30,00	1	227	Chaise d'Iwuy	401031	35,88						
13		445660	5,88											
14	24	401191	40,00	6	228	Station de l'Eure								40,00
15	28	401999	24,00	6	229	Brico	606300	20,07	3,93					
16			–											
17			–											
18			–											
19			–											
20														
		TOTAL	21 637,07				TOTAUX	14 294,44	1 317,15	529,20	4 437,00	989,28	30,00	40,00
							N° des comptes centralisés		445660	445620	601000	607000	624100	606100

Total des comptes débités : 21 637,07

LA (Libellé Automatique) 0 : AGIos — 1 : AVOir — 2 : CHèque — 3 : EFFets — 4 : ESCompte — 5 : ESPèces — 6 : FACture — 7 : IMPayé — 8 : RÉDuction — 9 : VIRement

Entraînement

Spécial « Métiers de la comptabilité »

1.

▶ **Numérotez** les factures et **surlignez** le nom du tiers, la date de comptabilisation et le numéro de facture.

▶ **Sélectionnez** sur chaque document les montants à comptabiliser et **indiquez** le numéro du compte intéressé.

▶ **Précomptabilisez** les factures dans le journal des achats, **totalisez** les colonnes et **contrôlez** l'égalité « débits = crédits ».

JOURNAL DE : *ACHATS*

Code journal : A C — Mois : 1 0 — Année : — Folio : 0 1

N°	JR	CRÉDIT N° de compte	CRÉDIT Crédit	LA	N° de Doc	Nom du tiers	CONTREPARTIE DÉBIT Divers N° Cpte	Divers Débit	TVA déduct. sur ABS	TVA déduct. sur immob.	Achats de Mat. 1ères	Achats de marchandises	Transport sur achats	Fournitures non stockables
1	02	401194	2 536,21	6	96	Valtubes			415,63		2 115,00		22,50	
2		765000	16,92											
3	04	401021	753,48	6	97	Bellino			123,48			630,00		
4	06	401031	9 627,80	6	98	Cadres X			1 577,80		8 050,00			
5	08	401191	237,50	6	99	Le Stylet	606300	198,58	38,92					
6	10	404000	5 920,20	6	100	Stobaly	215000	4 950,00		970,20				
7	12	401192	45,00	6	101	Relais Saly								45,00
8	15	401011	1 018,99	6	102	Altus			166,99		852,00			
9	20	401192	40,00	6	103	Relais Saly			6,56					33,44
10	22	601000	380,00	1	104	Cadres X	401031	454,48						
11		445660	74,48											
12	24	401041	458,45	6	105	Ducar			75,13			383,32		
13	28	401193	85,00	6	106	Sertiru	615000	71,07	13,93					
14														
15			–											
16			–											
17			–											
18			–											
19			–											
20														
		TOTAL	21 194,04				TOTAUX	5 674,13	2 418,44	970,20	11 017,00	1 013,32	22,50	78,44
							N° des comptes centralisés		445660	445620	601000	607000	624100	606100

Total des comptes débités : 21 194,04

LA (Libellé Automatique) 0 : AGIos — 1 : AVOir — 2 : CHèque — 3 : EFFets — 4 : ESCompte — 5 : ESPèces — 6 : FACture — 7 : IMPayé — 8 : RÉDuction — 9 : VIRement

Spécial « Métiers de la comptabilité »

2.

► **Vérifiez** le travail de saisie.

► **Mettez** en surbrillance les erreurs constatées.

► **Corrigez** directement sur la grille de saisie en indiquant les éléments corrects.

GRILLE DE SAISIE DU MOUVEMENT					
Date écriture	No Pièce	No de compte	Libellé de l'écriture	Montant débit	Montant crédit
Mvt. journal des achats folio 1					
05/11/99	103	401012	FACTURE ASSAC	0.00	1 507.50
08/11/99	104	401999	FACTURE SADIAV	0.00	350.00
10/11/99	105	404999	FACTURE MICROPUCE	0.00	5 026.00
11/11/99	106	401104	FACTURE JULIERS	0.00	11 245.71
11/11/99	106	765000	FACTURE JULIERS	0.00	75.20
15/11/99	107	401023	FACTURE BURLINOT	0.00	8 924.40
21/11/99	108	401025 *401999*	FACTURE SADIAV	0.00	280.00
24/11/99	109	607000	FACTURE JULIERS	0.00	*928,00* 189.64
24/11/99	109	445660	FACTURE JULIERS	0.00	*189,64* 928.00
28/11/99	110	401038	FACTURE CARLIER	0.00	10 130.40
30/11/99	111	401012	FACTURE CARLIER *ASSAC*	0.00	4 462.20
30/11/99	01	218300	CENTRALISATION	4 173.65	0.00
30/11/99	01	445620	CENTRALISATION	852.35	0.00
30/11/99	01	624100	CENTRALISATION	120.00	0.00
30/11/99	01	765000	CENTRALISATION	7.42	0.00
30/11/99	01	401104	CENTRALISATION	1 110.22	0.00
30/11/99	01	445660	CENTRALISATION	6 255.19	0.00
30/11/99	01	607000	CENTRALISATION	*30 030,00* 30 300.00	0.00
30/11/99	01	606100	CENTRALISATION	570.22	0.00
Total Mvt. journal des achats folio 1				*43 119,05* ~~43 389.05~~	43 119.05

Entraînement

SPÉCIAL « MÉTIERS DU SECRÉTARIAT »

► **Précomptabilisez** les factures.

Bordereau de saisie — **Folio n° 1**

Journal des achats

Date	N° Fact.	Nom du tiers	N° de compte	Intitulé du compte	Débit	Crédit
2/10	*96*	*Valtubes*	*601000*	*Achats de matières premières*	*2 115,00*	
			624100	*Transports sur achats*	*22,50*	
			445660	*TVA déduc. sur ABS*	*415,63*	
			401194	*Valtubes*		*2 536,21*
			765000	*Escomptes obtenus*		*16,92*
4/10	*97*	*Bellino*	*607000*	*Achats de marchandises*	*630,00*	
			445660	*TVA déduc. sur ABS*	*123,48*	
			401021	*Bellino*		*753,48*
6/10	*98*	*Cadres X*	*601000*	*Achats de matières premières*	*8 050,00*	
			445660	*TVA déduc. sur ABS*	*1 577,80*	
			401031	*Cadres X*		*9 627,80*
8/10	*99*	*Le Stylet*	*606300*	*Petits équipements*	*198,58*	
			445660	*TVA déduc. sur ABS*	*38,92*	
			401031	*Le Stylet*		*237,50*
10/10	*100*	*Stobaly*	*215000*	*Matériel industriel*	*4 950,00*	
			445660	*TVA déduc. sur immo.*	*970,20*	
			404000	*Stobaly*		*5 920,20*
12/10	*101*	*Relais Saly*	*606100*	*Fournitures non stockables*	*45,00*	
			401192	*Relais Saly*		*45,00*
22/10	*102*	*Cadres X*	*601000*	*Achats de matières premières*		*380,00*
			445660	*TVA déduc. sur ABS*	*–*	*74,48*
			401031	*Cadres X*	*454,48*	
24/10	*103*	*Maison Ducar*	*607000*	*Achats de marchandises*	*383,32*	
			445660	*TVA déduc. sur ABS*	*75,13*	
			401021	*Maison Ducar*		*458,45*
				Totaux	*20 050,04*	*20 050,04*

Résumer

Pour l'enregistrement des factures d'achats de biens ou de services :

– les comptes de charges (classe 6) sont-ils débités ou crédités ?

Débités

– le compte 44566 TVA déductible sur autres biens et services est-il débité ou crédité ?

Débité

– le compte du fournisseur est-il débité ou crédité ?

Crédité

Le journal des ventes

3 3

COMPTABILITÉ SECRÉTARIAT

Les points forts de la leçon

Il s'agit de revoir l'analyse et la précomptabilisation des factures de ventes et des avoirs étudiés en première année en introduisant un nouveau support de précomptabilisation : le livre des ventes avec colonnes de dépouillement.
L'utilisation du rétroprojecteur pour l'étude ligne par ligne de l'exemple introductif est souhaitale. La tenue du journal commence par le compte débité car dans toute facture il n'y a qu'un net à payer alors qu'il peut y avoir plusieurs explications du calcul de ce montant (des marchandises, plus de la TVA, plus du transport…).
L'intérêt de cette méthode de précomptabilisation réside dans le contrôle en bas de page et le gain de temps en saisie par la reprise des totaux de chaque colonne (exemple : le compte 707 sera crédité une seule fois pour le total et non à chaque facture de la période).
Il est nécessaire de rappeler les principes d'exigibilité de la TVA (voir le chapitre 26 page 162 du livre de première année) et l'utilisation du compte 4458 TVA à régulariser.
La pré-imputation (ou analyse) sur les documents est la plus importante. Elle doit être corrigée avant de précomptabiliser sur le journal des ventes. Utiliser si possible les calculatrices à bandes imprimantes.

Le plus du professeur

Attention cette forme de précomptabilisation n'est qu'une méthode parmi d'autres.
La saisie lors de la séance de travaux professionnels du journal des achats sur le logiciel comptable est souhaitable (avec création des comptes en cours de saisie). L'édition du brouillard et du grand livre permet de rendre concrète cette leçon.
Si possible, montrer aux élèves un journal type Exacompta.

Découverte

1. La tenue du journal des ventes

▶ **Répondez** aux questions suivantes :

Quel est le compte débité à la première ligne ? *41112 Client Lemoine*

Quels sont les comptes crédités dans la première opération ? *44571 + 70100 + 70700 + 70800*

Quelle est la pièce justificative de cette écriture ? *La facture n° 218*

Pourquoi la comptabilisation de la facture n° 221 comporte-t-elle deux lignes ?

Il y a un escompte, donc deux comptes débités

Quelle est la nature du document n° 222 ?

C'est un avoir

Quel sera le montant à saisir dans le logiciel de comptabilité pour le compte 70100 ? *3 113,35*

Application

1. La tenue du journal des ventes

► **Surlignez** sur les factures à comptabiliser le numéro, la date de comptabilisation et le nom du tiers.

► **Sélectionnez** sur chaque document les montants à comptabiliser et **indiquez** le numéro du compte intéressé.

bouchART
Matériel télé, service après-vente
24, rue de Cadéac - 65000 Tarbes
Siret 645 842 582 00045 Tél. 05 62 44 38 24

Vente magasin par CB

Monsieur Ibos
73, rue de Lourdes
65000 Tarbes

Facture N° 1025 Le 25/11/_ _

Désignation	Montant
Caméscope VHS-C Panasonic	759,00
Remise 10 %	75,90
Montant net hors taxe	683,10
TVA à 19,60 %	133,89
Net à payer en EUR au 25/11/_ _	816,99

bouchART
Matériel télé, service après-vente
24, rue de Cadéac - 65000 Tarbes
Siret 645 842 582 00045 Tél. 05 62 44 38 24

Réparation en magasin CH 24589

Monsieur Saléchan
24, rue de Paris
65000 Tarbes

Facture N° 1026 Le 25/11/_ _

Désignation	Montant
Réparation magnétoscope Toshiba suivant fiche d'intervention n° 214	97,83
Total hors taxe	97,83
TVA à 19,60 % sur encaissements	19,17
Net à payer en EUR au 25/11/_ _	117,00

Appliquer la même méthode pour les autres factures.
Il est souhaitable de corriger l'analyse comptable des factures avant d'effectuer le report dans le journal.

▶ **Précomptabilisez** les factures dans le journal des ventes, **totalisez** les colonnes et **contrôlez** l'égalité « débits = crédits ».

JOURNAL DE : *VENTES*

Code journal : V T Mois : 1 1 Année : Folio : 0 3

N°	JR	DÉBIT N° de compte	DÉBIT Débit	LA	N° de Doc	Nom du tiers	CONTREPARTIE CRÉDIT Divers N° Cpte	Divers Crédit	TVA collectée	TVA à régulariser	Ventes de matériel	Prestations de services	Produits annexes
1			1 836 643,46			Report folio 2			202 874,63	98 113,77	1 033 001,66	500 580,44	2 072,97
2	25	411799	816,99	6	1025	IBOS			133,89	–	683,10		
3	25	411699	117,00	6	1026	SALECHAN			–	19,17		97,83	
4	26	411201	4 540,00	6	1027	TERTIA 3000			744,01	–	3 770,00		25,99
5	27	708000	25,99	1	1028	TERTIA 3000	411201	31,08	–	–			
6		445710	5,09						–	–			
7	27	411699	230,00	6	1029	OSSUM			–	37,69		192,31	
8	27	709000	19,23	1	1030	OSSUM	411699	23,00	–	–			
9		445800	3,77						–	–			
10	28	411202	2 989,81	6	1031	TCL			489,97	–	2 520,00		
11		675000	20,16						–	–			
12	30	411181	2 756,78	6	1032	RCT			451,78	–	2 305,00		
13			–						–	–			
14			–										
15			–										
16			–										
17			–										
18													
19													
20													
		TOTAL	1 848 168,29			TOTAUX		54,08	204 694,28	98 170,63	1 042 279,76	500 870,58	2 098,96
						N° des comptes centralisés			445710	445800	707100	706000	708000

Total des comptes crédités : 1 848 168,29

LA (Libellé Automatique)
0 : AGIos 1 : AVOir 2 : CHèque 3 : EFFets 4 : ESCompte
5 : ESPèces 6 : FACture 7 : IMPayé 8 : RÉDuction 9 : VIRement

Entraînement

SPÉCIAL « MÉTIERS DE LA COMPTABILITÉ »

1.

▶ **Surlignez** le nom du tiers, la date de comptabilisation et le numéro de facture.

▶ **Sélectionnez** sur chaque document les montants à comptabiliser et **indiquez** le numéro du compte intéressé.

▶ **Précomptabilisez** les factures dans le journal des ventes, **totalisez** les colonnes et **contrôlez** l'égalité « débits = crédits ».

JOURNAL DE : **VENTES** — Code journal : V T — Mois : 1 1 — Année : — Folio : 0 3

N°	JR	DÉBIT N° de compte	DÉBIT Débit	LA	N° de Doc	Nom du tiers	CONTREPARTIE CRÉDIT Divers N° Cpte	Divers Crédit	TVA 19,6 % collectée	TVA 5,5 % à régulariser	TVA 19,6 % à régulariser	Ventes de radiateurs	Ventes de chaudières	Entretien
1			1 473 251,64			Report folio 2			225 066,80	–	16 369,09	524 600,00	623 700,00	83 515,75
2	27	411021	1 856,19	6	708	Batidur			304,19	–	–	712,00	840,00	
3	28	411121	73,85	6	709	Letouze			–	3,85				70,00
4	28	411122	3 037,27	6	710	Leroy Chaudin			497,75	–	–	2 560,00		
5		66500	20,48						–	–	–			
6	28	411122	177,01	6	711	Leroy Chaudin			–	–	29,01			148,00
7	29	707100	71,20	1	712	Batidur	411021	85,16	–	–	–			
8		445712	13,96						–	–	–			
9	29	665000	10,37	1	713	Batidur	411021	12,40	–	–	–			
10		445712	2,03						–	–				
11	30	411181	1 727,02	6	714	Rigot			283,02	–		931,00	513,00	
12	30	4111081	197,00	6	175	Houdin			–	10,27				186,73
13														
14														
15														
16														
17														
18														
19														
20														
TOTAL						TOTAUX		97,55	226 151,76	14,12	16 398,10	528 803,00	625 053,00	83 920,48
						N° des comptes centralisés			445712	445810	445820	707100	707200	706100

Total des comptes crédités : 1 480 438,01

LA (Libellé Automatique) 0 : AGIos 1 : AVOir 2 : CHèque 3 : EFFets 4 : ESCompte 5 : ESPèces 6 : FACture 7 : IMPayé 8 : RÉDuction 9 : VIRement

Entraînement

SPÉCIAL « MÉTIERS DE LA COMPTABILITÉ »

2.

► Prenez connaissance du plan de comptes de l'entreprise et **précomptabilisez** les factures et avoirs du 26/11 au 30/11.

► **Précomptabilisez** les factures et avoirs.

Bordereau de saisie — Folio n° 20

Journal de ventes

Date	N° Fact.	Nom du tiers	N° compte	Intitulé du compte	Débit	Crédit
.../...				Report folio 19	542 823,52	542 823,52
26/11	452	Espace	4111051	Espace et conception	418,18	
.../...			7070000	Ventes de marchandises		349,65
.../...			4457112	TVA collectée à 19,6 %		68,53
27/11	453	Orgon	4111152	Orgon	813,41	
.../...			7070000	Ventes de marchandises		171,00
.../...			7040000	Travaux décoration		600,00
.../...			4457111	TVA collectée à 5,5 %		42,41
27/11	454	Déco	4111041	Déco	889,82	
.../...			7070000	Ventes de marchandises		744,00
.../...			4457112	TVA collectée à 19,6 %		145,82
27/11	455	Cagny	4111031	Cagny	337,60	
.../...			7070000	Ventes de marchandises		222,00
.../...			7040000	Travaux décoration		98,00
.../...			4457111	TVA collectée à 5,5 %		17,60
28/11	456	Déco	7070000	Ventes de marchandises	34,80	
.../...			4457112	TVA collectée à 19,6 %	6,82	
.../...			4111041	Déco		41,62
28/11	457	Espace	6650000	Escomptes accordés	2,80	
.../...			4457112	TVA collectée à 19,6 %	0,55	
.../...			4111051	Espace et conception		3,35
.../...						
.../...						
.../...						
.../...						
.../...						
				Totaux	545 327,50	545 327,50

SPÉCIAL « MÉTIERS DU SECRÉTARIAT »

1.

► **Précomptabilisez** sur tickets comptables.

Ticket comptable n° 1

Date : *27/11* Code JA : *VT*	Pièce justificative Nature : *Facture* N° de pièce : *708* Tiers : *Batidur*	
Comptes	**Débit**	**Crédit**
4111021	*1 856,19*	
7071100		*712,00*
7072100		*840,00*
4457112		*304,19*
Vérification	*1 856,19*	*1 856,19*

Ticket comptable n° 2

Date : *28/11* Code JA : *VT*	Pièce justificative Nature : *Facture* N° de pièce : *709* Tiers : *Letouze*	
Comptes	**Débit**	**Crédit**
4111121	*73,85*	
7061100		*70,00*
4458110		*3,85*
Vérification	*73,85*	*73,85*

Ticket comptable n° 3

Date : *28/11* Code JA : *VT*	Pièce justificative Nature : *Facture* N° de pièce : *710* Tiers : *Leroy Chaudin*	
Comptes	**Débit**	**Crédit**
4111122	*3 037,27*	
7071100		*2 560,00*
6650000	*20,48*	
4457112		*497,75*
Vérification	*3 057,75*	*3 057,75*

Ticket comptable n° 4

Date : *28/11* Code JA : *VT*	Pièce justificative Nature : *Facture* N° de pièce : *711* Tiers : *Leroy Chaudin*	
Comptes	**Débit**	**Crédit**
4111122	*177,01*	
7061100		*148,00*
4458120		*29,01*
Vérification	*177,01*	*177,01*

Ticket comptable n° 5

Date : *29/11* Code JA : *VT*	Pièce justificative Nature : *Avoir* N° de pièce : *712* Tiers : *Batidur*	
Comptes	**Débit**	**Crédit**
7071100	*71,20*	
4457112	*13,96*	
4111021		*85,16*
Vérification	*85,16*	*85,16*

2.

▶ **Précomptabilisez** les factures et avoirs.

Bordereau de saisie — **Folio n° 20**

Journal de ventes

Date	N° Fact.	Nom du tiers	N° compte	Intitulé du compte	Débit	Crédit
…/…				*Report folio 19*	*542 823,52*	*542 823,52*
26/11	*452*	*Espace et conception*	*411051*	*Espace et conception*	*418,18*	
…/…			*707000*	*Ventes de marchandises*		*349,65*
…/…			*445710*	*TVA collectée*		*68,53*
27/11	*453*	*Orgon*	*411151*	*Organ*	*813,41*	
…/…			*707000*	*Ventes de marchandises*		*171,00*
…/…			*704000*	*Travaux de décoration*		*600,00*
…/…			*445710*	*TVA collectée*		*42,41*
27/11	*454*	*Cagny*	*411031*	*Cagny*	*337,60*	
…/…			*707000*	*Ventes de marchandises*		*222,00*
…/…			*704000*	*Travaux décoration*		*98,00*
…/…			*445710*	*TVA collectée*		*17,60*
28/11	*455*	*Déco*	*411041*	*Déco*		*41,62*
…/…			*707000*	*Ventes de marchandises*	*34,80*	
…/…			*445710*	*TVA collectée*	*6,82*	
…/…						
…/…						
…/…						
…/…						
…/…						
…/…						
…/…						
…/…						
…/…						
				Totaux	*544 434,33*	*544 434,33*

Résumer

Si une entreprise relève du régime de la TVA sur encaissement, quel est le compte qui enregistre la TVA sur une facture de ventes de prestations de services ? *4458 TVA à régulariser*

Si une entreprise prestataire de services a obtenu l'autorisation d'acquitter la TVA sur les débits, quel est le compte qui enregistre la TVA sur une facture de ventes de prestations de services ?
44571 TVA collectée

Pour enregistrer des factures de ventes de biens ou de services :
- les comptes de produits (classe 7) sont-ils débités ou crédités ? *Crédités*
- le compte 44571 TVA collectée (ou 4458 TVA à régulariser) est-il débité ou crédité ? *Crédité*
- le compte du client est-il débité ou crédité ? *Débité*

La déclaration de TVA pour les ventes de biens

4 COMPTABILITÉ **4** SECRÉTARIAT

Les points forts de la leçon

Attention de respecter l'ordre des travaux pour une déclaration :
1. La préparation de la déclaration
2. La déclaration de TVA
3. La précomptabilisation de la déclaration

La phase 1 (Tableau préparatoire) n'est qu'un procédé pédagogique pour « entrer » plus facilement dans la déclaration CA3. Après ce chapitre les élèves doivent être capables d'établir une déclaration de TVA directement à partir des données comptables (grand livre ou balance).
Le tableau préparatoire est à mettre au tableau et la déclaration CA3 est à compléter sur le rétroprojecteur.
Insister sur l'interdiction de porter des centimes dans les documents fiscaux.
L'écriture comptable permet de solder les différents comptes de TVA du mois avec le problème de l'équilibre comptable et l'apparition d'un compte 658 (ou 758).
Si le niveau de la classe est trop faible il est possible, comme le pratiquent certains cabinets comptables, d'enregistrer directement la déclaration sans les centimes. Le compte 658 (ou 758) n'est donc pas à utiliser.

Le plus du professeur

Insister sur la définition du chiffre d'affaires (attention, les élèves confondent souvent bénéfice et chiffre d'affaires).
Faire calculer le chiffre d'affaires mensuel moyen et maximum à réaliser pour qu'une entreprise soit au régime du forfait ou du simplifié.
Donner une idée de l'obligation fiscale en matière de TVA pour le forfait et le simplifié.
Faire effectuer un contrôle de la déclaration avec la balance de comptes de TVA. À savoir :
- total ligne 14 de la CA3 = total des soldes créditeurs arrondi de la balance ;
- total ligne 21 de la CA3 = total des soldes débiteurs arrondi de la balance.

Découverte

1. Les régimes d'imposition

▶ **Répondez** aux questions suivantes :

Un commerçant en meubles réalise un chiffre d'affaires annuel de 1 264 524 € HT, quel est son régime ?

Régime du réel

Un coiffeur a une recette annuelle de 34 560 € HT. Quel est son régime ?

Simplifié

2. Le calcul de la TVA à payer à l'État

▶ **Calculez** la TVA pour janvier en sachant que la TVA collectée est de 19 582,82 € et que la TVA déductible s'élève à 14 245,25 €.

Montant fiscal de la TVA collectée = *19 583* €

Montant fiscal de la TVA déductible = *14 245* €

Montant de la TVA à décaisser = *5 318* €

Quel est le montant des ventes HT correspondant à la TVA collectée à 19,60 % ? *19 582,82/0,196 = 99 912,35*

3. La rédaction de la déclaration de TVA

► **Complétez** le tableau préparatoire.

Tableau préparatoire de la déclaration du mois de : ..*Janvier*..........

Nature de la TVA	Montant fiscal arrondi	À reporter sur la déclaration	Calcul de la base hors taxe (à partir du montant comptable)	Base hors taxe	À reporter sur la déclaration
TVA collectée à 5,5 % TVA collectée à 19,6 %	*18 989* *50 462*	ligne 09 ligne 08	..........*18 989,30*... / 0,055 ....*50 461,76*... / 0,196	*345 260* *257 458*	ligne 09 ligne 08
Total de la TVA collectée	*69 451*	ligne 15	Total des ventes hors taxe =	*602 718*	ligne 01
TVA déductible sur immob. TVA déduct. sur ABS	*5 047* *41 254*	ligne 18 ligne 19			
Total de la TVA déductible	*46 301*	ligne 24			
TVA à payer	*23 150*	lignes 28 et 32			

► **Complétez** la déclaration recto et verso (pages 25 et 26).

4. L'enregistrement comptable

► **Précomptabilisez** la déclaration de TVA.

Ticket comptable n° 1

Date : *31/01* Code JA : *OD*	Pièce justificative Nature : *Déclaration CA3 :* N° de pièce : *janvier* Tiers :

Comptes	Débit	Crédit
4 4 5 7 1 1	*18 989, 30*	
4 4 5 7 1 2	*50 461, 76*	
4 4 5 6 2 0		*5 047, 40*
4 4 5 6 6 0		*41 254, 14*
4 4 5 5 1 0		*23 150, 00*
6 5 8 0 0 0	*0, 48*	
Vérification	69 451, 54	69 451, 54

DIRECTION GÉNÉRALE DES IMPÔTS

N° 3310-CA3

cerfa

N° 10963 * 02

MODÈLE OBLIGATOIRE

(art. 287 du CGI)

TAXE SUR LA VALEUR AJOUTÉE (ET TAXES ASSIMILÉES)
RÉGIME DU RÉEL NORMAL - MINI RÉEL

PÉRIODE DE DÉCLARATION — **Ne pas utiliser cette déclaration pour une autre période**

Jours et heures de réception: T.L.J. sauf samedi 8 h 45 à 12 h et 13 h 30 à 16 h

N° téléphone : 03 89 32 58 58

Adresse du service où cette déclaration doit être déposée: R.D. Impôts Mulhouse, 12, rue Cuehorn, 68100 MULHOUSE

au plus tard le: 21 fév.

Identification du destinataire: SIX SUR SEPT - M. Berlain, Alimentation en gros, 25, rue d'Alsace, 68200 Mulhouse

Adresse de l'établissement (quand celle-ci est différente de l'adresse du destinataire)

Rayer les indications imprimées par ordinateur qui ne correspondent plus à la situation exacte de l'entreprise, rectifiez-les en rouge.

Recette	Numéro de dossier	Clé	Période	CDI	Insp	Régime
6810602	102121	19	0101	52	511	EM

Numéro de TVA intracommunautaire: F R 8 1 5 2 3 7 2 5 1 2 6 0 0 0 1 1

N° d'identification de l'établissement (SIRET)

Code activité: 512 P

EURO (voir notice)

Déclaration : veuillez indiquer ci-dessous la monnaie dans laquelle vous souscrivez cette déclaration

1. *Si vous tenez votre comptabilité en EUROS, vous pouvez choisir de déclarer en :*

   Cochez la case de votre choix

   ☐ ***EUROS*** ☐ ***FRANCS***

2. *Si vous tenez votre comptabilité en **FRANCS**, vous devez **déclarer en francs**.*

   Cochez la case ☒

Vérifiez que cette déclaration est bien libellée dans la monnaie choisie ci-dessus

Paiement : vous pouvez payer : en FRANCS *ou* en EUROS

Si la monnaie de paiement est différente de celle de la déclaration, utilisez ce cadre pour convertir.

1. *Le **montant** ligne 32 est en **EUROS** et vous **payez** en **FRANCS***

   .... € × 6,55957 = ... , ☐☐ F

   (Reporter le montant ligne 32) (Taux de conversion) (Montant du règlement avec centimes)

2. *Le **montant** ligne 32 est en **FRANCS** et vous **payez** en **EUROS***

   .... F / 6,55957 = ... , ☐☐ €

   (Reporter le montant ligne 32) (Taux de conversion) (Montant du règlement avec cents)

PAIEMENT, DATE, SIGNATURE

Date : 15/02 Signature : Berlain

Téléphone : ....

Paiement par virement bancaire, mandat, virement postal, obligation cautionnée : cocher la case correspondante

☐ Virement bancaire ☐ Mandat, vir. postal ☐ Obligation cautionnée

RÉSERVÉ À L'ADMINISTRATION

Somme :	Date :	Pénalités		
	N° PEC	Taux	5 %	9005
dont OC :		Taux	%	9008
	N° d'opération	Taux	%	9007

- Si vous payez par **chèque** : utilisez un chèque barré : l'établir impérativement à l'ordre du TRÉSOR PUBLIC.
- Si vous payez par virement(s), **précisez-en le nombre** ☐

  A compter du 1er janvier 2000, les entreprises qui réalisent un CA HT > 5 MF doivent payer par virement bancaire sur le compte du Trésor à la BANQUE DE FRANCE.

Date de réception

CADRE RÉSERVÉ À LA CORRESPONDANCE

N° 3310 CA3 - IMPRIMERIE NATIONALE S 444021 D - Décembre 1999 - 9 013075 1 B Mé

La loi n° 78-17 du 6 janvier 1978 modifiée relative à l'informatique, aux fichiers et aux libertés, garantit aux déclarants un droit d'accès et de rectification pour les données les concernant auprès du centre des impôts dont ils relèvent.

A MONTANT DES OPÉRATIONS RÉALISÉES

OPÉRATIONS IMPOSABLES (H.T.)

01	Ventes, prestations de services		602 718
02	Autres opérations imposables		
03	Acquisitions intracommunautaires (dont ventes à distance et/ou opérations de montage : ......)	0031	

OPÉRATIONS NON IMPOSABLES

04	Exportations hors CE	0032	
05	Autres opérations non imposables	0033	
06	Livraisons intracommunautaires	0034	
07	Achats en franchise	0037	

B DÉCOMPTE DE LA TVA À PAYER

OPÉRATIONS IMPOSABLES (lignes 1 à 3 ventilées par taux)

			Base hors taxe	Taxe due
08	Taux 19,6 %	0205	257 458	50 462
09	Taux 5,5 %	0105	345 260	18 989
10	Anciens taux	0900		
11	Opérations imposables à un taux particulier (décompte effectué sur annexe 3310 A)	0950		
12	Opérations réalisées dans les DOM	0920		
13	.....			
14	TVA antérieurement déduite à reverser	0600		0
15	**Total de la TVA brute due (lignes 08 à 14)**	0301		69 451
16	**Dont TVA sur acquisitions intracommunautaires**	0035		0
17	**Dont TVA sur opérations à destination de Monaco**	0038		0

DÉDUCTIONS

18	Biens constituant des immobilisations	0703	5 047
19	Autres biens et services	0702	41 254
20	Autre TVA à déduire		0
21	Report du crédit apparaissant ligne 27 de la précédente déclaration *(À convertir si ce crédit est en francs et votre déclaration en euros)*	8001	0
22	*Indiquer ici le pourcentage de déduction applicable pour la période s'il est différent de 100 %*		%
23	**Total lignes 20 + 21**	0701	0
24	**Total TVA déductible lignes 18 + 19 + 23**		46 301

CRÉDIT

25	Crédit de TVA (ligne 24 – ligne 15)	0705	
26	Remboursement demandé sur formulaire n° 3519 joint	8002	
27	Crédit à reporter (ligne 25 – ligne 26) *(Cette somme est à reporter ligne 21 de la prochaine déclaration)*	8003	

Attention! Une situation de TVA créditrice (ligne 25 servie) ne dispense pas du paiement des taxes assimilées déclarées ligne 29.

TAXE À PAYER

28	TVA nette due (ligne 15 – ligne 24)		23 150
29	Taxes assimilées calculées sur annexe n° 3310 A	9979	
30	Sommes à imputer y compris acompte congés	9989	
31	Sommes à ajouter y compris acompte congés	9999	
32	**Total à payer (lignes 28 + 29 – 30 + 31)** *(N'oubliez pas de joindre le règlement correspondant)*		23 150

Si vous réalisez des opérations intracommunautaires, pensez à la déclaration d'échanges de biens à souscrire auprès de la Direction Générale des Douanes et des Droits indirects (Cf. notice de la déclaration CA3)

Application

1. La rédaction de la déclaration de TVA

► **Complétez** le tableau préparatoire.

Tableau préparatoire de la déclaration du mois de : *Février*					
Nature de la TVA	Montant fiscal arrondi	À reporter sur la déclaration	Calcul de la base hors taxe (à partir du montant comptable)	Base hors taxe	À reporter sur la déclaration
TVA collectée à 5,5 %	*13 398*	ligne 09	*13 398,00* / 0,055	*243 600*	ligne 09
TVA collectée à 19,6 %	*46 093*	ligne 08	*46 092,50* / 0,196	*235 166*	ligne 08
Total de la TVA collectée	*59 491*	ligne 15	Total des ventes hors taxe =	*478 766*	ligne 01
TVA déductible sur immob.	*12 645*	ligne 18			
TVA déduct. sur ABS	*47 958*	ligne 19			
Total de la TVA déductible	*60 603*	ligne 24			
Crédit de TVA à reporter	*1 112*	lignes 25 et 27			

► **Complétez** le verso de la déclaration (cf. page 28).

2. L'enregistrement comptable

► **Précomptabilisez** la déclaration de TVA.

Ticket comptable n° 2		
Date : *28/02* Code JA : *OD*	Pièce justificative — Nature : *CA3* ; N° de pièce : *Février* ; Tiers :	
Comptes	Débit	Crédit
44571 11	*13 398,00*	
44571 12	*46 092,50*	
445620		*12 645,00*
445660		*47 957,94*
445670	*1 112,00*	
658000	*0,44*	
Vérification	60 602,94	60 602,94

La loi n° 78-17 du 6 janvier 1978 modifiée relative à l'informatique, aux fichiers et aux libertés, garantit aux déclarants un droit d'accès et de rectification pour les données les concernant auprès du centre des impôts dont ils relèvent.

A MONTANT DES OPÉRATIONS RÉALISÉES

OPÉRATIONS IMPOSABLES (H.T.)			OPÉRATIONS NON IMPOSABLES		
01 Ventes, prestations de services		478 766	04 Exportations hors CE.	0032	
02 Autres opérations imposables			05 Autres opérations non imposables	0033	
03 Acquisitions intracommunautaires (dont ventes à distance et/ou opérations de montage : ....)	0031		06 Livraisons intracommunautaires	0034	
			07 Achats en franchise	0037	

B DÉCOMPTE DE LA TVA À PAYER

OPÉRATIONS IMPOSABLES (lignes 1 à 3 ventilées par taux)		Base hors taxe	Taxe due
08 Taux 19,6 %	0205	235 166	46 093
09 Taux 5,5 %	0105	243 600	13 398
10 Anciens taux	0900		
11 Opérations imposables à un taux particulier (décompte effectué sur annexe 3310 A)	0950		
12 Opérations réalisées dans les DOM	0920		
13			
14 TVA antérieurement déduite à reverser	0600		0
15 **Total de la TVA brute due (lignes 08 à 14)**	0301		59 491
16 **Dont TVA sur acquisitions intracommunautaires**	0035		0
17 **Dont TVA sur opérations à destination de Monaco**	0038		0

DÉDUCTIONS

18 Biens constituant des immobilisations	0703		12 645
19 Autres biens et services	0702		47 958
20 Autre TVA à déduire		0	
21 Report du crédit apparaissant ligne 27 de la précédente déclaration *(À convertir si ce crédit est en francs et votre déclaration en euros)*	8001	0	
23 **Total lignes 20 + 21**	0701		0
22 *Indiquer ici le pourcentage de déduction applicable pour la période s'il est différent de 100 %* ..... %			
24 **Total TVA déductible lignes 18 + 19 + 23**			60 603

CRÉDIT			TAXE À PAYER		
25 Crédit de TVA (ligne 24 – ligne 15)	0705	1 112	28 TVA nette due (ligne 15 – ligne 24)		0
26 Remboursement demandé sur formulaire n° 3519 joint	8002		29 Taxes assimilées calculées sur annexe n° 3310 A	9979	
27 Crédit à reporter (ligne 25 – ligne 26) *(Cette somme est à reporter ligne 21 de la prochaine déclaration)*	8003	1 112	30 Sommes à imputer y compris acompte congés	9989	
			31 Sommes à ajouter y compris acompte congés	9999	
Attention! Une situation de TVA créditrice (ligne 25 servie) ne dispense pas du paiement des taxes assimilées déclarées ligne 29.			32 **Total à payer (lignes 28 + 29 – 30 + 31)** *(N'oubliez pas de joindre le règlement correspondant)*		0

Si vous réalisez des opérations intracommunautaires, pensez à la déclaration d'échanges de biens à souscrire auprès de la Direction Générale des Douanes et des Droits indirects (Cf. notice de la déclaration CA3)

Entraînement

1.

► **Complétez** le tableau préparatoire, **complétez** la déclaration CA3 (page suivante) et **précomptabilisez** la TVA à payer.

Tableau préparatoire de la déclaration du mois de : *Mars*

Nature de la TVA	Montant fiscal arrondi	À reporter sur la déclaration	Calcul de la base hors taxe (à partir du montant comptable)	Base hors taxe	À reporter sur la déclaration
TVA collectée à 5,5 % TVA collectée à 19,6 %	*19 517* *49 182*	ligne 09 ligne 08	*19 516,75* / 0,055 *49 181,55* / 0,196	*354 850* *250 926*	ligne 09 ligne 08
Total de la TVA collectée	*68 699*	ligne 15	Total des ventes hors taxe =	*605 776*	ligne 01
TVA déductible sur immob. TVA déduct. sur ABS Crédit de TVA de février	*1 254* *43 210* *1 112*	ligne 18 ligne 19 lignes 21 et 23			
Total de la TVA déductible	*45 566*	ligne 24			
TVA à payer ~~ou crédit de TVA à reporter~~	*23 133*	lignes 28 et 32 lignes 25 et 27			

Bordereau de saisie

Journal de : *Opérations diverses* code *OD*

Date	N° Pièce	Libellé	N° compte	Débit	Crédit
31/03	*CA3*	*Déclaration de mars*	*4457111*	*19 516,75*	
.../...			*4457112*	*49 181,55*	
.../...			*4456620*		*1 254,24*
.../...			*4456660*		*43 209,65*
.../...			*4456670*		*1 112,00*
.../...			*4455510*		*23 133,00*
.../...			*6580000*	*1,59*	
.../...					
		Vérification		*68 699,89*	*68 699,89*

La loi n° 78-17 du 6 janvier 1978 modifiée relative à l'informatique, aux fichiers et aux libertés, garantit aux déclarants un droit d'accès et de rectification pour les données les concernant auprès du centre des impôts dont ils relèvent.

A MONTANT DES OPÉRATIONS RÉALISÉES

OPÉRATIONS IMPOSABLES (H.T.)			OPÉRATIONS NON IMPOSABLES		
01 Ventes, prestations de services		605 776	04 Exportations hors CE	0032	
02 Autres opérations imposables			05 Autres opérations non imposables	0033	
03 Acquisitions intracommunautaires (dont ventes à distance et/ou opérations de montage : ......)	0031		06 Livraisons intracommunautaires	0034	
			07 Achats en franchise	0037	

B DÉCOMPTE DE LA TVA À PAYER

OPÉRATIONS IMPOSABLES (lignes 1 à 3 ventilées par taux)		Base hors taxe	Taxe due
08 Taux 19,6 %	0205	250 926	49 182
09 Taux 5,5 %	0105	354 850	19 517
10 Anciens taux	0900		
11 Opérations imposables à un taux particulier (décompte effectué sur annexe 3310 A)	0950		
12 Opérations réalisées dans les DOM	0920		
13			
14 TVA antérieurement déduite à reverser	0600		0
15 **Total de la TVA brute due (lignes 08 à 14)**	0301		68 699
16 **Dont TVA sur acquisitions intracommunautaires**	0035		0
17 **Dont TVA sur opérations à destination de Monaco**	0038		0

DÉDUCTIONS

18 Biens constituant des immobilisations		0703	1 254
19 Autres biens et services		0702	43 210
20 Autre TVA à déduire	0		
21 Report du crédit apparaissant ligne 27 de la précédente déclaration (*À convertir si ce crédit est en francs et votre déclaration en euros*)	8001 1 112		
23 **Total lignes 20 + 21**		0701	1 112
22 *Indiquer ici le pourcentage de déduction applicable pour la période s'il est différent de 100 %* .... %			
24 **Total TVA déductible lignes 18 + 19 + 23**			45 566

CRÉDIT			TAXE À PAYER		
25 Crédit de TVA (ligne 24 – ligne 15)	0705		28 TVA nette due (ligne 15 – ligne 24)		23 133
26 Remboursement demandé sur formulaire n° 3519 joint	8002		29 Taxes assimilées calculées sur annexe n° 3310 A	9979	
27 Crédit à reporter (ligne 25 – ligne 26) (*Cette somme est à reporter ligne 21 de la prochaine déclaration*)	8003		30 Sommes à imputer y compris acompte congés	9989	
			31 Sommes à ajouter y compris acompte congés	9999	
Attention! Une situation de TVA créditrice (ligne 25 servie) ne dispense pas du paiement des taxes assimilées déclarées ligne 29.			32 **Total à payer (lignes 28 + 29 – 30 + 31)** (*N'oubliez pas de joindre le règlement correspondant*)		23 133

Si vous réalisez des opérations intracommunautaires, pensez à la déclaration d'échanges de biens à souscrire auprès de la Direction Générale des Douanes et des Droits indirects (Cf. notice de la déclaration CA3)

2.

▶ **Précomptabilisez** la TVA à payer et **complétez** la déclaration CA3.

La loi nº 78-17 du 6 janvier 1978 modifiée relative à l'informatique, aux fichiers et aux libertés, garantit aux déclarants un droit d'accès et de rectification pour les données les concernant auprès du centre des impôts dont ils relèvent.

A MONTANT DES OPÉRATIONS RÉALISÉES

	OPÉRATIONS IMPOSABLES (H.T.)				OPÉRATIONS NON IMPOSABLES		
01	Ventes, prestations de services		946 166	04	Exportations hors CE	0032	
02	Autres opérations imposables			05	Autres opérations non imposables	0033	
03	Acquisitions intracommunautaires (dont ventes à distance et/ou opérations de montage : ...)	0031		06	Livraisons intracommunautaires	0034	
				07	Achats en franchise	0037	

B DÉCOMPTE DE LA TVA À PAYER

	OPÉRATIONS IMPOSABLES (lignes 1 à 3 ventilées par taux)		Base hors taxe	Taxe due
08	Taux 19,6 %	0205	250 926	49 182
09	Taux 5,5 %	0105	695 240	38 238
10	Anciens taux	0900		
11	Opérations imposables à un taux particulier (décompte effectué sur annexe 3310 A)	0950		
12	Opérations réalisées dans les DOM	0920		
13	...			
14	TVA antérieurement déduite à reverser	0600		0
15	**Total de la TVA brute due (lignes 08 à 14)**	0301		87 420
16	**Dont TVA sur acquisitions intracommunautaires**	0035		0
17	**Dont TVA sur opérations à destination de Monaco**	0038		0

DÉDUCTIONS

18	Biens constituant des immobilisations	0703		4 945
19	Autres biens et services	0702		38 564
20	Autre TVA à déduire		0	
21	Report du crédit apparaissant ligne 27 de la précédente déclaration (*À convertir si ce crédit est en francs et votre déclaration en euros*)	8001	1 024	
23	**Total lignes 20 + 21**	0701		1 024
24	**Total TVA déductible lignes 18 + 19 + 23**			44 533

22 *Indiquer ici le pourcentage de déduction applicable pour la période s'il est différent de 100 %* ...... %

	CRÉDIT				TAXE À PAYER		
25	Crédit de TVA (ligne 24 – ligne 15)	0705		28	TVA nette due (ligne 15 – ligne 24)		42 887
26	Remboursement demandé sur formulaire nº 3519 joint	8002		29	Taxes assimilées calculées sur annexe nº 3310 A	9979	
27	Crédit à reporter (ligne 25 – ligne 26) (*Cette somme est à reporter ligne 21 de la prochaine déclaration*)	8003		30	Sommes à imputer y compris acompte congés	9989	
				31	Sommes à ajouter y compris acompte congés	9999	
				32	**Total à payer (lignes 28 + 29 – 30 + 31)** (*N'oubliez pas de joindre le règlement correspondant*)		42 887

Attention ! Une situation de TVA créditrice (ligne 25 servie) ne dispense pas du paiement des taxes assimilées déclarées ligne 29.

Si vous réalisez des opérations intracommunautaires, pensez à la déclaration d'échanges de biens à souscrire auprès de la Direction Générale des Douanes et des Droits Indirects (Cf. notice de la déclaration CA3)

Journal des opérations diverses			Bordereau de saisie			Folio n° 1
Date	**N° Pièce**	**Nom du tiers**	**N° compte**	**Intitulé du compte**	**Débit**	**Crédit**
01/04	*CA3*	*Déclaration*	*44571 11*	*TVA collectée à 5,5 %*	*38 238,20*	
.../...			*44571 12*	*TVA collectée à 19,6 %*	*49 181,55*	
.../...			*44562 0*	*TVA sur immob.*		*4 945,24*
.../...			*44566 0*	*TVA sur ABS*		*38 563,68*
.../...			*44567 0*	*Crédit de TVA*		*1 024,00*
.../...			*44551 0*	*TVA à décaisser*		*42 887,00*
.../...			*658000 0*	*Charges diverses*	*0,17*	
				Vérification	*87 419,92*	*87 419,92*

Résumer

Présentez la règle de calcul de la TVA à décaisser.

Règle : *TVA collectée*

– *– TVA déductible sur immo et ABS*

– *= TVA à décaisser*

Que se passe-t-il si la TVA déductible est supérieure à la TVA à décaisser ?

– *Un crédit de TVA est à reporter sur le mois suivant*

La déclaration de TVA pour les prestations de services

5

COMPTABILITÉ

Les points forts de la leçon

Attention à respecter l'ordre des travaux pour une déclaration :
1. Le calcul de la TVA sur les encaissements du mois
2. La précomptabilisation de la TVA collectée
3. La déclaration de TVA
4. La précomptabilisation de la déclaration

Les comptes de TVA (page 42 du livre élève) doivent être mis au tableau (ou au rétroprojecteur).

Le plus du professeur

Rappeler le principe de la TVA sur encaissements (voir le chapitre 26 page 162 du livre de première année) et l'utilisation du compte 4458 TVA à régulariser.
Insister sur les similitudes et les différences avec les vendeurs de biens :
– déclaration de TVA et enregistrement comptable de la CA3 identiques ;
– mais calcul de la TVA collectée sur les encaissements chez les prestataires de services.
La recherche des encaissements du mois sera étudiée en classe de baccalauréat professionnel.

Découverte

1. Le calcul de la TVA collectée

► **Calculez** la TVA collectée sur les encaissements du mois.

JELOUTOUT - 89000 Auxerre *Note 241*

Encaissements TTC sur les clients en mars :

- en espèces reçus	24 843,60	
- par chèques bancaires	80 802,00	
- par chèques postaux	77 425,20	*= 242 767,80*
- par virements bancaires ...	17 788,50	
- par virements postaux	41 908,50	
Montant non encaissé sur les locations au 31 mars TTC	58 792,50	

JELOUTOUT - 89000 Auxerre *Note 242*

Calcul de la TVA collectée en mars :

Encaissements du mois TTC	= *242 767,80* €
Valeur hors taxe (TVA 19,6 %)	= *202 983,11* €
TVA collectée	= *39 784,69* €

► **Précomptabilisez** la TVA collectée sur les encaissements du mois.

Journal des opérations diverses

Date	N° Pièce	Pièce justificative	N° compte	Intitulé du compte	Débit	Crédit
31/03	*242*	*Note interne*	*445810*	*TVA à régulariser*	*39 784,69*	
.../...			*445710*	*TVA collectée*		*39 784,69*
				Total	*39 784,69*	*39 784,69*

2. La rédaction de la déclaration de TVA

► **Mettez à jour** les comptes de TVA figurant dans le bordereau de la page précédente. !

Compte N° 445710 — **Intitulé :** *TVA collectée à 19,60 %*

Date	N° Pièce	Pièce justificative	Débit	Crédit	Solde
31/03	242	Note interne		39 784,69	– 39 784,69
@ 31/03	CA3	Déclaration	39 784,69		0,00

!

Compte N° 445800 — **Intitulé :** *TVA à régulariser à 19,60 %*

Date	N° Pièce	Pièce justificative	Débit	Crédit	Solde
31/03		Total TVA en attente		49 619,58	– 49 619,58
31/03	242	Note interne	39 784,69		– 9 634,89

Nota : le solde du compte représente la TVA sur les montants non encaissés au 31 mars.

Montant non encaissé au 31/03 = 58 792,50 TTC, 49 157,61 HT soit 5 634,89 de TVA incluse

► Vous disposez des autres comptes de TVA de l'entreprise, **complétez** le verso de la déclaration CA3.

Compte N° 445620 — **Intitulé :** *TVA déductible sur immobilisations*

Date	N° Pièce	Pièce justificative	Débit	Crédit	Solde
31/03		Total	8 750,00		+ 8 750,00
@ 31/03	CA3	Déclaration		8 750,00	

Compte N° 445660 — **Intitulé :** *TVA déductible sur autres biens et services*

Date	N° Pièce	Pièce justificative	Débit	Crédit	Solde
31/03		Total	14 785,38		+ 14 785,38
@ 31/03	CA3	Déclaration		14 785,38	0,00

3. La comptabilisation de la déclaration de TVA

► **Précomptabilisez** la déclaration de TVA.

Journal des opérations diverses

Date	N° Pièce	Pièce justificative	N° compte	Intitulé du compte	Débit	Crédit
31/03	CA3	Déclaration de mars	445710	TVA collectée	39 784,69	
.../...			445620	TVA sur immo		8 750,00
.../...			445660	TVA sur ABS		14 875,38
.../...			445510	TVA à décaisser		16 250,00
.../...			658000	Charges diverses	0,69	
				Total	39 785,38	39 785,38

► **Mettez à jour** les comptes de TVA figurant sur le bordereau précédent. @

La loi n° 78-17 du 6 janvier 1978 modifiée relative à l'informatique, aux fichiers et aux libertés, garantit aux déclarants un droit d'accès et de rectification pour les données les concernant auprès du centre des impôts dont ils relèvent.

A MONTANT DES OPÉRATIONS RÉALISÉES

OPÉRATIONS IMPOSABLES (H.T.)

01	Ventes, prestations de services		202 983
02	Autres opérations imposables		
03	Acquisitions intracommunautaires (dont ventes à distance et/ou opérations de montage :)	0031	

OPÉRATIONS NON IMPOSABLES

04	Exportations hors CE	0032	
05	Autres opérations non imposables	0033	
06	Livraisons intracommunautaires	0034	
07	Achats en franchise	0037	

B DÉCOMPTE DE LA TVA À PAYER

OPÉRATIONS IMPOSABLES (lignes 1 à 3 ventilées par taux)

			Base hors taxe	Taxe due
08	Taux 19,6 %	0205	202 983	39 785
09	Taux 5,5 %	0105		
10	Anciens taux	0900		
11	Opérations imposables à un taux particulier (décompte effectué sur annexe 3310 A)	0950		
12	Opérations réalisées dans les DOM	0920		
13				
14	TVA antérieurement déduite à reverser	0600		0
15	**Total de la TVA brute due (lignes 08 à 14)**	0301		39 785
16	**Dont TVA sur acquisitions intracommunautaires**	0035		0
17	**Dont TVA sur opérations à destination de Monaco**	0038		0

DÉDUCTIONS

18	Biens constituant des immobilisations	0703		8 750
19	Autres biens et services	0702		14 785
20	Autre TVA à déduire		0	
21	Report du crédit apparaissant ligne 27 de la précédente déclaration *(À convertir si ce crédit est en francs et votre déclaration en euros)*	8001	0	
22	*Indiquer ici le pourcentage de déduction applicable pour la période s'il est différent de 100 %*		%	
23	**Total lignes 20 + 21**	0701		0
24	**Total TVA déductible lignes 18 + 19 + 23**			23 535

CRÉDIT

25	Crédit de TVA (ligne 24 – ligne 15)	0705	
26	Remboursement demandé sur formulaire n° 3519 joint	8002	
27	Crédit à reporter (ligne 25 – ligne 26) *(Cette somme est à reporter ligne 21 de la prochaine déclaration)*	8003	

Attention! Une situation de TVA créditrice (ligne 25 servie) ne dispense pas du paiement des taxes assimilées déclarées ligne 29.

TAXE À PAYER

28	TVA nette due (ligne 15 – ligne 24)		16 250
29	Taxes assimilées calculées sur annexe n° 3310 A	9979	
30	Sommes à imputer y compris acompte congés	9989	
31	Sommes à ajouter y compris acompte congés	9999	
32	**Total à payer (lignes 28 + 29 – 30 + 31)** *(N'oubliez pas de joindre le règlement correspondant)*		16 250

Si vous réalisez des opérations intracommunautaires, pensez à la déclaration d'échanges de biens à souscrire auprès de la Direction Générale des Douanes et des Droits indirects (Cf. notice de la déclaration CA3)

Application

1. Le calcul de la TVA collectée

► **Calculez** la TVA collectée sur les encaissements du mois à partir de la note 243.

JELOUTOUT - 89000 Auxerre *Note 243*

Encaissements TTC sur les clients en avril :

- en espèces reçus	34 672,50	= *242 948,70*
- par chèques bancaires......	70 671,60	
- par chèques postaux	78 148,80	
- par virements bancaires ..	14 954,40	
- par virements postaux	44 501,40	

Montant non encaissé sur les locations au 30 avril TTC 77 967,90

JELOUTOUT - 89000 Auxerre *Note 244*

Calcul de la TVA collectée en avril :

Encaissements du mois TTC	= *242.948,70 €*
Montant hors taxe (TVA 19,6 %)	= *203.134,36 €*
TVA collectée	= *39.814,34 €*

► **Précomptabilisez** la TVA collectée sur les encaissements du mois.

Journal des opérations diverses

Date	N° Pièce	Pièce justificative	N° compte	Intitulé du compte	Débit	Crédit
30/04	*244*	*Note interne*	*445810*	*TVA à régulariser*	*39.814,34*	
.../...			*445710*	*TVA collectée*		*39.814,34*
				Total	*39.814,34*	*39.814,34*

2. La rédaction de la déclaration de TVA

► **Complétez** la balance au 30 avril et **rédigez** le verso de la déclaration CA3, page 37.

Balance partielle des comptes 445620 au compte 445710 — Du 01/04/__ au 30/04/__

N° de compte	Intitulé du compte	Cumul débit	Cumul crédit	Solde débit	Solde crédit
445620	TVA déductible sur immobilisations	1 645,20		1 645,20	
445660	TVA déduct. sur autres biens et services	18 245,92		18 245,92	
445710	TVA collectée à 19,6 % (à compléter)		*39.814,34*		*39.814,34*

3. La comptabilisation de la déclaration de TVA

Journal des opérations diverses

Date	N° Pièce	Pièce justificative	N° compte	Intitulé du compte	Débit	Crédit
30/04	*CA3*	*Déclaration*	*445710*	*TVA collectée*	*39.814,34*	
.../...			*445620*	*TVA sur immo*		*1.645,20*
.../...			*445660*	*TVA sur ABS*		*18.245,92*
.../...			*445510*	*TVA à décaisser*		*19.923,00*
.../...			*758000*	*Produits divers*		*0,22*
				Total	*39.814,34*	*39.814,34*

La loi nº 78-17 du 6 janvier 1978 modifiée relative à l'informatique, aux fichiers et aux libertés, garantit aux déclarants un droit d'accès et de rectification pour les données les concernant auprès du centre des impôts dont ils relèvent.

A MONTANT DES OPÉRATIONS RÉALISÉES

OPÉRATIONS IMPOSABLES (H.T.)

01	Ventes, prestations de services		203 134
02	Autres opérations imposables		
03	Acquisitions intracommunautaires (dont ventes à distance et/ou opérations de montage :)	0031	

OPÉRATIONS NON IMPOSABLES

04	Exportations hors CE	0032	
05	Autres opérations non imposables	0033	
06	Livraisons intracommunautaires	0034	
07	Achats en franchise	0037	

B DÉCOMPTE DE LA TVA À PAYER

OPÉRATIONS IMPOSABLES (lignes 1 à 3 ventilées par taux)

			Base hors taxe	Taxe due
08	Taux 19,6 %	0205	203 134	39 814
09	Taux 5,5 %	0105		
10	Anciens taux	0900		
11	Opérations imposables à un taux particulier (décompte effectué sur annexe 3310 A)	0950		
12	Opérations réalisées dans les DOM	0920		
13				
14	TVA antérieurement déduite à reverser	0600		0
15	**Total de la TVA brute due (lignes 08 à 14)**	0301		39 814
16	**Dont TVA sur acquisitions intracommunautaires**	0035		0
17	**Dont TVA sur opérations à destination de Monaco**	0038		0

DÉDUCTIONS

18	Biens constituant des immobilisations	0703		1 645
19	Autres biens et services	0702		18 246
20	Autre TVA à déduire		0	
21	Report du crédit apparaissant ligne 27 de la précédente déclaration *(À convertir si ce crédit est en francs et votre déclaration en euros)*	8001	0	
23	**Total lignes 20 + 21**	0701		0
24	**Total TVA déductible lignes 18 + 19 + 23**			19 891
22	*Indiquer ici le pourcentage de déduction applicable pour la période s'il est différent de 100 %*		%	

CRÉDIT

25	Crédit de TVA (ligne 24 – ligne 15)	0705	
26	Remboursement demandé sur formulaire nº 3519 joint	8002	
27	Crédit à reporter (ligne 25 – ligne 26) *(Cette somme est à reporter ligne 21 de la prochaine déclaration)*	8003	

Attention! Une situation de TVA créditrice (ligne 25 servie) ne dispense pas du paiement des taxes assimilées déclarées ligne 29.

TAXE À PAYER

28	TVA nette due (ligne 15 – ligne 24)		19 923
29	Taxes assimilées calculées sur annexe nº 3310 A	9979	
30	Sommes à imputer y compris acompte congés	9989	
31	Sommes à ajouter y compris acompte congés	9999	
32	**Total à payer (lignes 28 + 29 – 30 + 31)** *(N'oubliez pas de joindre le règlement correspondant)*		19 923

Si vous réalisez des opérations intracommunautaires, pensez à la déclaration d'échanges de biens à souscrire auprès de la Direction Générale des Douanes et des Droits indirects (Cf notice de la déclaration CA3)

Entraînement

► **Calculez** la TVA collectée sur les encaissements d'avril.

1. Calcul de la TVA collectée du mois :

...*Encaissements* ... = *479 565,90 TTC*...

...*Soit HT*............ = *400 974,83*...

...*et TVA*.............= *78 591,07*...

► **Complétez** la déclaration CA3 (tracé non fourni).

► **Précomptabilisez** sur bordereau la TVA collectée du mois et la TVA à décaisser.

Bordereau de saisie — **Folio n° 1**

Journal des opérations diverses

Date	N° Pièce	Nom du tiers	N° compte	Intitulé du compte	Débit	Crédit
30/04		*TVA/encais.*	4 4 5 8 1 1 0	*TVA à régulariser*	*78 591,07*	
.../...			4 4 5 7 1 1 0	*TVA collectée*		*78 591,07*
30/04		*Déclaration*	4 4 5 7 1 1 0	*TVA collectée*	*78 591,07*	
.../...			4 4 5 6 6 0	*TVA sur ABS*		*33 450,25*
.../...			4 4 5 5 1 1 0	*TVA à décaisser*		*45 141,00*
.../...			6 5 8 0 0 0 0	*Charges diverses*	*0,18*	
.../...						
.../...						
.../...						
.../...						
				Vérification	*157 182,32*	*157 182,32*

Résumer

Comment les prestataires de services calculent-ils leur TVA collectée du mois ?

...*Ils déterminent le total TTC des encaissements sur les clients reçus dans le mois.*...

...*Ils calculent ensuite le montant HT puis la TVA incluse dans ces encaissements.*...

Les composantes de la trésorerie à court terme

6 COMPTABILITÉ

5 SECRÉTARIAT

Les points forts de la leçon

Il s'agit d'aborder des notions de base :
- l'intérêt de la possibilité de découvert ;
- la distinction entre recette et dépense ;
- le laps de temps qui peut séparer la réalisation d'un produit de son encaissement ou la concrétisation d'un achat de son paiement ;
- la nécessité de tenir des échéanciers (à cause du principe précédent) ;
- l'intérêt grâce aux échéanciers de prévoir la trésorerie à court terme.

Le plus du professeur

Insister sur les contrôles, sur l'intérêt de tenir des échéanciers, de prévoir la trésorerie.
Établir sur tableur la prévision de trésorerie.

Découverte

1. La trésorerie disponible

► M. Durand possède un compte bancaire à la BNP. Le 12/05, il désire connaître le montant de sa trésorerie disponible. **Aidez-le !**

Trésorerie au 12/05

Éléments	Montant
En caisse	*245*
En banque	*1 252*
Disponibilités	*1 497*
Découvert autorisé	*3 000*
Trésorerie disponible	*4 497*

2. La distinction entre recettes et dépenses

Un contrôle des comptes de trésorerie (caisse, banque et chèques postaux) est nécessaire afin de vérifier que toutes les recettes (ou encaissements) et toutes les dépenses (ou décaissements) ont été notées.

FICHE DE CAISSE — **Journée du 12/05**

N°	Nature de l'opération	Montant	Recette (Débit)	Dépense (Crédit)
1	Vente Mme Martin	45,00	*45,00*	
2	Achat jambon (fact. 125)	24,85		*24,85*
3	Vente Mme Van Estraede	52,00	*52,00*	
4	Timbres poste (fact. 126)	15,00		*15,00*
5	Vente M. Monnet	64,50	*64,50*	
6	Réglé fact. 118 de Liebig	42,44		*42,44*
7	Reçu fact. 265 de Mme Tison	31,85	*31,85*	
8	Vente Mme Besin	45,50	*45,50*	
9	Reçu fact. 272 de M. Autem	32,50	*32,50*	
10	Versé acompte/salaire de l'employé	100,00		*100,00*
	Totaux	*453,64*	*271,35*	*182,29*
	Avoir en caisse le 12/05 au matin		36,14	
	Avoir en caisse le 12/05 au soir		*125,20*	

En caisse le 12/05 au soir 125,20 €

3. La distinction entre recettes et produits, charges et dépenses

► **Complétez** la liste des opérations réalisées par la Maison DURAND, épicerie fine, en cochant les cases qui conviennent.

Opération réalisée	Nature de l'opération			Incidence sur la trésorerie		
	Date	Charge	Produit	Date	Recette	Dépense
Achat de conserves payable à 30 jours fin de mois	05/05	☒	❑	*30/06*	❑	☒
Vente de marchandises payable à 30 jours	05/05	❑	☒	*05/06*	☒	❑
Achat de légumes payable au comptant	06/05	☒	❑	*06/05*	❑	☒
Vente d'épicerie payable de suite	07/05	❑	☒	*07/05*	☒	❑
Paiement des intérêts de l'emprunt	10/05	☒	❑	*10/05*	❑	☒
Réparation de la camionnette payable au comptant	10/05	☒	❑	*10/05*	❑	☒
Achat de vins payable à 45 jours fin de mois	14/05	☒	❑	*15/07*	❑	☒
Honoraires du comptable payable sous huitaine	15/05	☒	❑	*23/05*	❑	☒
Vente au comptant de la journée	15/05	❑	☒	*15/05*	☒	❑

4. La tenue des échéanciers

► **Complétez**, avec les données des factures ci-dessous, les échéanciers édités par le logiciel de comptabilité.

ÉCHÉANCIER DES DÉBITEURS du 15/05 au 20/05

N° de compte	Nom du compte	Date d'écriture	N° pièce	Débit	Crédit	Solde cumulé
Échéance : 15/05/..						
4110703	Guillemin	14/04/..	259	415,20		415,20
4111205	Quervyn	24/04/..	260	610,00		1 025,20
4112010	Salvéniac	25/04/..	261	1 120,00		2 145,20
4110405	*Dupont*	*10/05*	*264*	*295,20*		*2 440,30*
Échéance : 20/05/..						
4111304	Martinache	26/04/..	262	1 125,00		1 125,00
4110120	Alluin	28/04/..	263	1 747,40		2 872,40
---------	-------------	---------	----	---------		----------

ÉCHÉANCIER DES CRÉANCIERS du 15/05 au 20/05						
N° de compte	**Nom du compte**	**Date d'écriture**	**N° pièce**	**Débit**	**Crédit**	**Solde cumulé**
Échéance : 15/05/--						
4011307	Éts Moreau	10/04/--	102		3 458,27	– 3 458,27
4011405	Périgord SA	12/04/--	103		2 458,23	– 5 916,80
4012010	Sovinal	14/04/--	106		4 582,14	– 10 498,64
---------	--------------	---------	----		-----------	------------
Échéance : 20/05/--						
4010604	Fouquet SA	16/04/--	107		4 568,24	– 4 568,24
4012101	Tonnaire	18/04/--	109		2 128,40	– 6 696,64
4010203	*Domaine des Bousquets*	*08/05*	*112*		*516,67*	*– 7 213,31*

► **Répondez** aux questions suivantes :

– Quel est le montant à encaisser le 15/05 ? *14.024,10*

– Quel est le total à payer le 15/05 ? *65.498,24*

SPÉCIAL « MÉTIERS DE LA COMPTABILITÉ »

5. La prévision de la trésorerie à court terme

► **Complétez** la prévision de trésorerie.

Prévision de trésorerie			
Recettes	**Montant**	**Encaissements en mai**	**Encaissements en juin**
Opérations :			
Ventes de mai à encaisser en mai	28 300	*28 300*	
Ventes de mai à encaisser en juin	27 175		*27 175*
Ventes de juin à encaisser en juin	27 820		*27 280*
Règlement en mai des clients (sur ventes d'avril)	23 200	*23 200*	
Total des recettes		*51 500*	*54 455*
Dépenses	**Montant**	**Décaissements en mai**	**Décaissements en juin**
Opérations :			
Achats de mai à régler en mai	20 345	*20 345*	
Achats de mai à régler en juin	21 735		*21 735*
Achats de juin à régler en juin	22 600		*22 600*
Règlement en mai des fournisseurs	21 310	*21 310*	
Impôts à payer en mai	4 370	*4 370*	
Remboursement mensuel de l'emprunt	527	*527*	*527*
TVA à payer en mai	1 435	*1 435*	1 607
TVA à payer en juin	1 607	686	*686*
Loyer mensuel	686	*2 300*	*2 300*
Prélèvement mensuel de l'exploitant	2 300	*1 100*	*1 100*
Paiement du salaire de l'employé (mensuel)	1 100		
Total des dépenses		*52 073*	*50 555*
Trésorerie		**Mai**	**Juin**
Disponibilités en début de mois		*710*	*137*
Recettes du mois		*51 500*	*54 455*
Dépenses du mois		*– 52 073*	*– 50 555*
Disponibilités en fin de mois		*137*	*4 037*
Découvert autorisé		*4 500*	*4 500*
Trésorerie disponible en fin de mois		*4 637*	*8 537*

► M. Durand **vous demande** s'il peut payer au comptant l'achat des rayonnages non inclus dans la prévision.

Il ne peut pas choisir l'option du paiement comptant, sa trésorerie disponible est insuffisante en mai.

Application

1. La distinction entre recettes et dépenses

► **Complétez** le livre de banque.

LIVRE DE BANQUE					
Date	N° pièce	Libellé	Montant	Recette (Débit)	Dépense (Crédit)
01/05		Avoir en banque	3 458,00	*3 458,00*	
02/05	1245	Chèque fournisseur SOVINEL	2 567,25		*2 567,25*
	AD151	Prélèvement France Telecom	895,46		*895,46*
	AC256	Chèques versés en compte	4 658,50	*4 658,50*	
03/05	1246	Loyer magasin	4 500,00		*4 500,00*
	AC257	Chèque du client Léotard	2 115,00	*2 115,00*	
04/05	AC258	Chèques versés en compte	7 245,00	*7 245,00*	
	AD152	Prélèvement EDF	2 458,25		*2 458,25*
	AD153	Virement fournisseur Merchet	3 658,90		*3 658,90*
05/05	1247	Chèque TVA à payer	3 415,00		*3 415,00*
	AC259	Chèques versés en compte	6 245,30	*6 245,30*	
	AC260	Virement du client Bonnet	1 854,50	*1 854,50*	
06/05	AD154	Remboursement de l'emprunt	3 458,57		*3 458,57*
	AC261	Chèques versés en compte	4 261,00	*4 261,00*	
	AC262	Versement d'espèces	6 000,00	*6 000,00*	
		Totaux		*35 837,30*	*20 953,43*
06/05		Nature du solde	Montant	*14 883,87*	

2. La tenue des échéanciers

► **Complétez**, avec les données des factures ci-dessous, l'échéancier édité par le logiciel de comptabilité afin de répondre à la demande d'information de M. Marisiot.

ÉCHÉANCIER DES CRÉANCIERS du 20/06 au 30/06						
N° de compte	Nom du compte	Date d'écriture	N° pièce	Débit	Crédit	Solde cumulé
Échéance : 20/06/--						
401048	Scierie Deschamps	20/05/--	577		42 650,00	– 42 650,00
401054	EDF	28/05/--	580		12 785,28	– 55 435,28
---------	--------------------	---------	----		-----------	-------------
Échéance : 30/06/--						
401061	Foquel SA	27/05/--	578		22 752,64	– 22 752,64
401196	Sovinac	28/05/--	579		24 852,30	– 47 604,94
401048	*Scierie Deschamps*	*02/06*	*581*		*38 272,00*	*– 85 876,94*

ÉCHÉANCIER DES DÉBITEURS du 20/06 au 30/06						
N° de compte	Nom du compte	Date d'écriture	N° pièce	Débit	Crédit	Solde cumulé
Échéance : 20/06/--						
411072	Gotrand	25/05/--	995	36 750,00		36 750,00
411206	Serin	28/04/--	996	28 480,00		65 230,00
411011	Anthony	30/05/--	997	12 620,00		77 850,00
411023	*Durand*	*03/06*	*999*	*15 371,47*		*93 221,47*
Échéance : 30/06/--						
411131	Miroux	02/06/--	998	18 700,00		18 700,00
---------	----------	---------	----	-----------		-----------

► **Complétez** la demande d'information de M. Marisiot.

MENUISERIE MARISIOT
Portes et fenêtres sur mesure

Veuillez noter ci-contre :
– le montant à encaisser le 20/06 : .93 221,47 *– le total à payer au 30/06 :* .85 876,94....

SPÉCIAL « MÉTIERS DE LA COMPTABILITÉ »

3. La prévision de la trésorerie à court terme

► **Complétez** la prévision de trésorerie.

Prévision de trésorerie

Recettes	de juillet	d'août
Ventes de juin encaissables en juillet	*95 247*	
Ventes de juillet encaissables en juillet	*125 710*	
Ventes de juillet encaissables en août		*85 753*
Loyers encaissés mensuellement	*983*	*983*
Total des recettes	*221 940*	*86 736*
Dépenses	**de juillet**	**d'août**
Achats de juillets payables en août		*80 570*
Achats de juillet payables en juillet	*98 673*	
Achats de juin payables en juillet	*95 227*	
Salaires nets à payer mensuellement	*3 354*	*3 354*
Cotisations sociales à régler en juillet	*6 036*	
TVA à payer	*11 106*	*11 350*
Remboursement de l'emprunt	*1 335*	*1 335*
Total des dépenses	*215 731*	*96 609*
Disponibilités en début de mois	*– 818*	*5 391*
Recettes prévisionnelles du mois	*221 940*	*86 736*
Dépenses prévisionnelles du mois	*– 215 731*	*– 96 609*
Disponibilités prévues en fin de mois	*5 391*	*– 4 482*
Découverts autorisés	*12 000*	*12 000*
Trésorerie disponible en fin de mois	*17 391*	*7 518*

► **Répondez** à la préoccupation de Mme Fauquet, la gérante.

La trésorerie disponible est suffisante pour assurer tous les paiements en août. Une partie du découvert autorisé sera utilisé.

Entraînement

Vous travaillez dans l'entreprise AUX SPORTIFS, grossiste en articles et vêtements de sport.
Le 14/05, la gérante, Mme Kubiak, vous charge de contrôler la prévision de trésorerie pour le 15/05.

► **Complétez** la prévision de trésorerie à l'aide du relevé des échéanciers.

Échéancier des débiteurs	
Total à recevoir au 15 mai :	46 852,45
Total à recevoir au 20 mai :	6 875,25
Total à recevoir au 31 mai :	84 154,00

Échéancier des créanciers	
Total à payer au 15 mai :	51 245,28
Total à payer au 20 mai :	24 875,90
Total à payer au 31 mai :	108 425,25

Trésorerie au 15/05	
Éléments	Montant
En caisse au 14/05	6 450,25
En banque au 14/05	– 3 458,30
Encaissements attendus	*46 852,45*
Décaissements prévus	*– 51 245,28*
Disponibilités	*1 400,88*
Découvert autorisé	5 000,00
Trésorerie disponible	*6 400,88*

Résumer

Quel ensemble constituent les disponibilités de l'entreprise ?

Les avoirs, en caisse, en banque, aux CCP

Qu'est-ce que la trésorerie disponible ? *Ce sont les disponibilités augmentées des découverts autorisés par les banques ou CCP*

Dans quel cas la date d'un achat est-elle différente de la date du paiement ?

Dans le cas d'une échéance

Dans quelle catégorie rangez-vous :

– l'encaissement d'une vente au comptant ?	☒ recette	❒ dépense
– le règlement d'un client ?	☒ recette	❒ dépense
– le paiement d'un fournisseur ?	❒ recette	☒ dépense
– le règlement d'un achat au comptant ?	❒ recette	☒ dépense

Le fonctionnement d'un compte bancaire ou postal

7 COMPTABILITÉ

6 SECRÉTARIAT

Les points forts de la leçon

Le principe de la réciprocité des comptes est l'élément essentiel de cette leçon.
Les élèves doivent absolument comprendre qu'une entreprise et son banquier sont en situation opposée. Si l'un apporte de l'argent au guichet l'autre le reçoit. Si l'un possède l'argent dans son compte bancaire, l'autre a l'obligation de le restituer. Il est donc normal que l'entreprise débite le compte 512 Banque pour expliquer un versement en compte. Ce versement sera porté au crédit du relevé établi par le banquier.
Ces notions seront reprises dans le chapitre 19 avec les états de rapprochement.

Le plus du professeur

Projeter un relevé de banque au rétroprojecteur et établir le compte réciproque 512 Banque tenu par l'entreprise.

Découverte

Tout commerçant doit être titulaire d'un compte bancaire ou postal.

1. L'ouverture d'un compte

▶ **Répondez** aux questions que se pose M. Simonet.

– Quels sont les documents à fournir et leur nombre ?

– Deux extraits du RC

– Un exemplaire des statuts certifiés conformes

– Carte d'identité

– Ma femme est-elle obligée d'être présente lors de l'ouverture des comptes ?

Oui, signature et justification de l'identité

2. Le RIB et le RIP

▶ **Répondez** aux questions de M. Simonet.

Quel est mon numéro de compte :

– en banque ? *000 202421 24* – au CCP ? *0139169 H 026*

Quelle est l'agence qui tient mon compte :

– en banque ? *Valenciennes* – postal ? *Lille*

3. Le versement d'espèces

► **Complétez** le bordereau de remise pour 2 000 € en billets de 100 €, 4 000 € en billets de 50 €, 3 500 € en billets de 20 € et 500 € en billets de 10 €.

BNP PARIBAS

Détail des espèces

☒ Versées ☐ Demandées

Agence *Valenciennes*

Date *02 05*

Nom et adresse du client : *SARL Electric*

Nom et adresse du remettant (en cas de remise par un tiers) :

Code agence *00551* N° de compte *2 0 2 4 2 1 2 4*

Nombre	Coupure	Montant
	B. de 500	
	" 200	
20	" 100	2.000
80	" 50	4.000
20	" 20	3.500
50	" 10	500
	" 5	
	P. de 2	
	" 1	
	" 1/2	
	" 0,20	
	" 0,10	
	" 0,05	
	" 0,02	
	" 0,01	
		10 000

CA 0030-10-98

4. La réciprocité des comptes

► **Indiquez** vos remarques.

Vos remarques :

Les opérations comptabilisées :

– au débit du livre de banque sont mentionnées ☐ au débit du relevé ☒ au crédit du relevé

– au crédit du livre de banque sont mentionnées ☒ au débit du relevé ☐ au crédit du relevé

Les chèques émis sont comptabilisés dans le livre de banque le jour de la création ; ils sont mentionnés dans le relevé de compte le jour de leur encaissement. Mais la banque les retirera effectivement en fonction de la date de valeur, deux jours avant (exemple : le chèque 10250 a été créé le : *04/05* ; la banque note l'opération pour ce chèque le : *10/05* mais retire effectivement du compte les 4 758,29 € le : *08/05*).

Application

I La réciprocité des comptes

► **Expliquez** la différence de soldes.

Le chèque Martinache du 14/05 n'a pas encore été débité par la Poste

Entraînement

1. Le versement d'espèces

► **Calculez** l'avoir en caisse.

Décompte d'espèces en caisse au : *10/02 à 8 heures*

1. Décompte de pièces

Quantité	Valeur	Montant
32	2 €	64,00
11	1 €	11,00
38	1/2 €	19,00
20	0,2 €	4,00
12	0,10 €	1,20
20	0,05 €	1,00
12	0,02 €	0,24
8	0,01 €	0,08
Total en pièces		100,52

2. Décompte de billets

Quantité	Valeur	Montant
2	100 €	200,00
12	50 €	600,00
15	20 €	300,00
14	10 €	140,00
20	5 €	100,00
Total en billets		1.340,00

Total en caisse: 1.440,52

► **Complétez** le bordereau de remise de 1 200 € en espèces au Crédit Mutuel de Valenciennes sur le compte 02740 - 348426 - 41 en sachant que Monsieur Letouze désire conserver quelques billets pour son fonds de caisse de la journée.

Signez et indiquez vos n^os de caisse et de compte au dos des chèques.

CMN

Nom/Prénom *Letouze*

Sociétaire de la CAISSE de *Valenciennes*

| 0 | 2 | 7 | 4 | 0 | | 3 | 4 | 8 | 4 | 2 | 6 | | 4 | 1 |
CODE CAISSE — N° DE COMPTE — TYPE de COMPTE

Montant à porter sur : ☒ Compte chèque ☐ Livret

☐ Autres :

Signature: *Letouze*

Date : | 1 | 0 | 0 | 2 |

• Joignez dans l'enveloppe le ticket, éventuellement fourni par la machine.

Crédit Mutuel Nord

Dépôt de CHEQUES ☐ — Dépôt de BILLETS ☐

Quantité		Montant	Émetteur
	X 500		
	X 200		
2	X 100	200,00	
10	X 50	500,00	
15	X 20	300,00	
12	X 10	120,00	
16	X 5	80,00	
TOTAL (chèques ou billets)		1 200,00	

Dépôt de chèques : le montant des chèques est crédité sous réserve d'encaissement.
Dépôt de billets : le montant déclaré sera porté au crédit du compte après reconnaissance des espèces.

Admettre toutes les solutions permettant de verser 1 200 € en billets.

2. La réciprocité des comptes

► **Enregistrez** dans le livre de banque le versement d'espèces.

COMPTE 512000 BANQUE

Date	N° pièce	Libellé	Recette (Débit)	Dépense (Crédit)	Solde
10/05		Avoir en compte	6 823,18		+ 6 823,18
11/05	10253	Chèque fournisseur Elecmat		6 328,25	+ 494,93
11/05	10254	Chèque fournisseur Vilain		1 258,30	− 763,37
12/05	B005	*Versement en espèces*	*2.500,00*		*1.736,63*

Résumer

Un versement d'espèces figurant au crédit du relevé reçu de la banque sera porté :
- ☒ au débit du compte 512000 Banque ☐ au crédit du compte 512000 Banque

Un prélèvement d'une facture de France Telecom figurant au débit du relevé reçu de la banque sera porté :
- ☐ au débit du compte 512000 Banque ☒ au crédit du compte 512000 Banque

Un chèque à un fournisseur figurant au débit du relevé reçu de la banque sera porté :
- ☐ au débit du compte 512000 Banque ☒ au crédit du compte 512000 Banque

Un dépôt de chèque d'un client figurant au crédit du relevé reçu de la banque sera porté :
- ☒ au débit du compte 512000 Banque ☐ au crédit du compte 512000 Banque

Le chèque bancaire ou postal

8 COMPTABILITÉ **7** SECRÉTARIAT

Les points forts de la leçon

Il est nécessaire d'insister sur l'importance du contrôle d'un chèque reçu :
- y a-t-il une signature ?
- les montants en chiffres et en lettres sont-ils identiques ?
- quelle créance est payée ?

Pour les paiements mettre en valeur la nécessité :
- de vérifier l'échéance ;
- de vérifier l'existence d'une trésorerie disponible ;
- du report sur la facture réglée de la mention « payé par chèque n° ... le ... » (afin d'éviter un deuxième paiement par une autre personne).

Le plus du professeur

Expliquer le principe des chèques « sur rayon » et « hors rayon » ainsi que la compensation.
Faire réfléchir au coût d'un chèque pour une entreprise par rapport aux prélèvements (temps de recherche des factures à payer à une échéance + temps de rédaction du chèque + frais d'envoi).

Découverte

1. L'analyse d'un chèque

► **Répondez** aux questions suivantes.

Qui est le tireur ? ...*Leclerc*...............

Qui est le bénéficiaire ? .*STARTNORD*..........

Qui est le tiré ? ..*Caisse d'épargne*...........

Montant du chèque ? ..*1 212,20*..........

Date de création ? ..*30/03*.............................

La provision est-elle suffisante ? ☒ oui ❒ non

Quelle partie va être remise au bénéficiaire ? ❒ souche ☒ chèque

Quelle partie est conservée par le tireur ? ☒ souche ❒ chèque

2. La réception des chèques

► **Contrôlez** le chèque reçu.

Contrôle de chèque reçu n° ...*2402899*...................

Tireur : ....*UCA*........... Tiré : .*BNP*......................

Existence d'une signature............... ☒ oui ❒ non

Concordance entre la somme en chiffres et en lettres .... ☒ oui ❒ non

Indication correcte du bénéficiaire . ☒ oui ❒ non

Chèque à encaisser .... ☒ oui ❒ non

Justification du retour au tireur : ....

Facture réglée N° *FA2145*..... en date du : *04/03*

Concordance entre le montant du chèque et le montant de la facture.. ☒ oui ❒ non

► **Complétez** la remise de chèques.

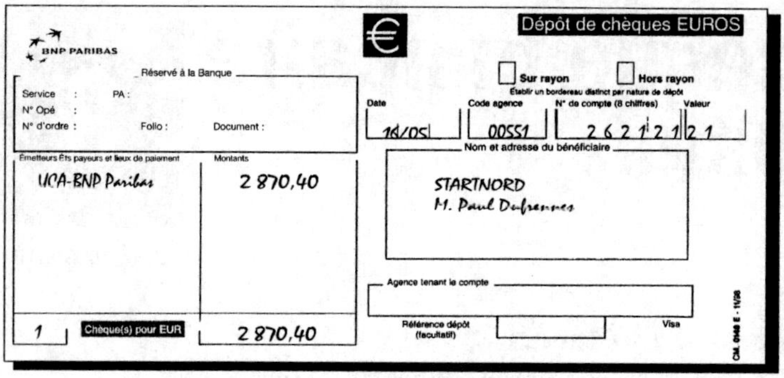

Verso du chèque

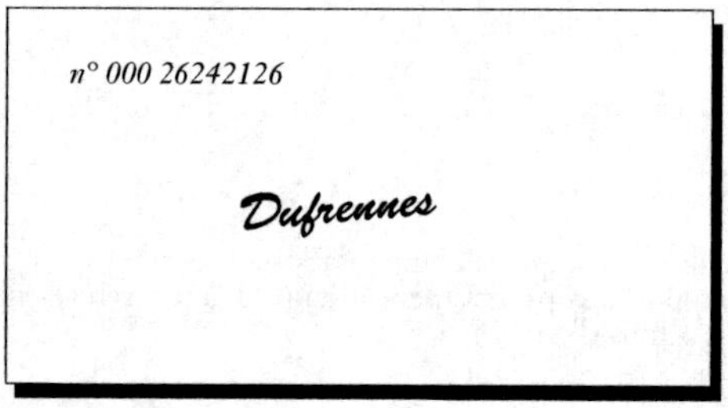

► **Analysez** le relevé de la banque reçu le 20/05.

Le chèque reçu du client UCA figure-t-il dans le relevé ? ....*Oui*..

Quelle est la date de remise du chèque ? Le *16/05* Quelle est la date de valeur ? *18/05*

À quelle date les 2 870,40 € ont-ils été mis à disposition de STARTNORD ? *18/05*

Le compte en banque des établissements STARTNORD a-t-il été à découvert du 10/05 au 20/05 ? ..*Oui, le 15/05*

3. Le paiement par chèque

► **Rédigez** les chèques.

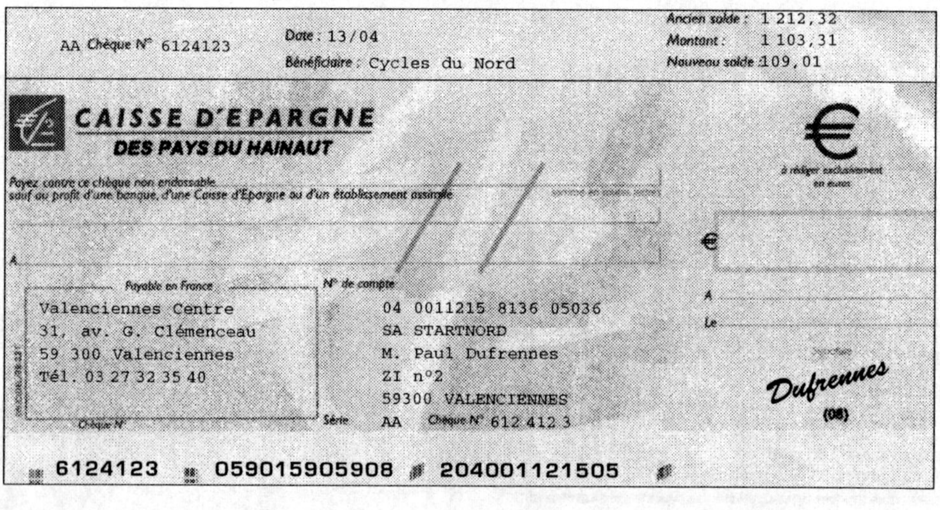

BNP PARIBAS

à rédiger exclusivement en euros

€

Payez contre ce chèque non endossable *Trois mille deux cent soixante sept euros 11*

à *MIAS-DIJON*

€ *3 267,11*

11 AVENUE D'AMSTERDAM 59300 VALENCIENNES

Agence N° 00551 Compte N° 26242126

SA STARTNORD
M. PAUL DUFRENNES
ZI N°2
59300 VALENCIENNES

à *Valenciennes* le *13/04*

Dufrennes

(14)

311872961 059010004008 055126242126

Conclusion

Quelle facture n'est pas à régler et pourquoi ? *La facture 1025 de Rapid Transport vient à échéance le 07/05.*
Elle n'est donc pas à régler le 15/04.

Pourquoi ne réglez-vous pas les deux factures par chèques bancaires ?
Le découvert autorisé sera dépassé.

Quelle facture payez-vous par chèque bancaire et pourquoi ? *Le découvert autorisé par la Caisse d'Épargne (900 euros) ne permet pas de payer la facture de MIAS. Seul le paiement de la facture des Cycles du Nord est possible par CCP.*

Application

1. La réception des chèques

► **Vous êtes chargé(e) de compléter** la fiche de contrôle du chèque reçu et le chèque reçu pour une remise aux CCP (recto et verso).

Contrôle de chèque reçu n° *5290124* Tireur : *Mariage* Tiré : *La Banque populaire du Nord*

Existence d'une signature ☒ oui ❒ non Indication correcte du bénéficiaire ❒ oui ☒ non

Concordance entre la somme en chiffres et en lettres ☒ oui ❒ non

Chèque à encaisser ☒ oui ❒ non

Justification du retour au tireur : *Pas de retour mais le chèque doit être complété.*

Factures réglées n° *FA2237* du *12/03* montant *1 076,40* Montant réglé conforme à notre créance ☒ oui ❒ non

n° *FA2297* du *22/03* montant *956,80* Montant réglé conforme à notre créance ☒ oui ❒ non

BNP PARIBAS — € Dépôt de chèques EUROS

Réservé à la Banque: Service : PA : / N° Opé : / N° d'ordre : Folio : Document :

❒ Sur rayon ❒ Hors rayon
Établir un bordereau distinct par nature de dépôt

Date	Code agence	N° de compte (8 chiffres)	Valeur
02 04	*00551*	*262 421 26*	

Émetteurs Éts payeurs et lieux de paiement	Montants
MARIAGE – BNP	*2 033,20*
1 Chèque(s) pour EUR	*2 033,20*

Nom et adresse du bénéficiaire: *STARTNORD*

Agence tenant le compte: *Valenciennes*

Référence dépôt (facultatif) Visa

CM. 0148 E - 11/96

Verso du chèque

N° 26242126

Dufrennes

2. Le paiement par chèque

► **Rédigez** le chèque (la provision est suffisante).

N° 3118730 Date *18/04* Ordre *Valcycles* € *2 624,64*

BNP PARIBAS

à rédiger exclusivement en euros

€

Payez contre ce chèque non endossable *Deux mille six cent vingt quatre euros 64*
sauf au profit d'un établissement bancaire ou assimilé

€ *2 624,64*

à *VALCYCLES*

Payable en France Agence N° Compte N°

11 AVENUE D'AMSTERDAM 59300 VALENCIENNES

00551 26242126

SA STARTNORD
M. PAUL DUFRENNES
ZI N°2
59300 VALENCIENNES

à *Valenciennes* le *18/04*

Dufrennes

chèque n°

(14)

3118730 059010004008 055126242126

Entraînement

1. Soit l'entreprise artisanale VANNERIE DUBOIS, de confection d'objets en vannerie.

► Le 02/05, vous devez **contrôler** les chèques reçus, les **compléter** recto et verso et **préparer** le bordereau de remise en banque.

CAISSE D'EPARGNE
DES PAYS DU HAINAUT

€
à rédiger exclusivement en euros

Payez contre ce chèque non endossable *Deux mille quatre cent deux euros 30 cts*
sauf au profit d'une banque, d'une Caisse d'Epargne ou d'un établissement assimilé

€ *2 402,30*

à *VANNERIE DUBOIS*

Payable en France N° de compte

15905 50000
ANZIN
1 PLACE R. SALENGRO
59410 ANZIN
TÉL. 03 27 32 35 40

04 5256322 02 53
M. YANNICK VERNEIL
102 AV. A. FRANCE
59410 ANZIN

à *Valenciennes*
le *30/04*

Signature

Ver

Chèque N° Série Chèque N°

(08)

5608263 059015905908 204525632205

Verso du chèque BNP

> *n° 000 34842560*
>
> *Dubois*

Verso du chèque Caisse d'Épargne

> *n° 000 34842560*
>
> *Dubois*

Contrôle de chèque reçu n° ..*7 664 523*..... Tireur : ..*Colart SA*........... Tiré : ..*Banque populaire du Nord*...............

Existence d'une signature............ ☒ oui ❒ non Indication correcte du bénéficiaire ☒ oui ❒ non

Concordance entre la somme en chiffres et en lettres ☒ oui ❒ non

Chèque à encaisser .... ☒ oui ❒ non

Justification du retour au tireur : ....

N° de la facture réglée N° *FA0236* du *23/ 03* Montant réglé conforme à notre créance ☒ oui ❒ non

Contrôle de chèque reçu n° ..*5608263*....... Tireur : ..*Verneil*............... Tiré : ..*La Caisse d'Épargne*......................

Existence d'une signature............ ☒ oui ❒ non Indication correcte du bénéficiaire ❒ oui ☒ non

Concordance entre la somme en chiffres et en lettres ☒ oui ❒ non

Chèque à encaisser .... ☒ oui ❒ non

Justification du retour au tireur : ..*Pas de retour mais le recto est à compléter*.......................................

N° de la facture réglée N° *FA0238* du *28/ 03* Montant réglé conforme à notre créance ☒ oui ❒ non

Signez et indiquez vos nos de caisse et de compte au dos des chèques.

CMN

Nom/Prénom *Vannerie Dubois*

Sociétaire de la CAISSE de *Valenciennes*

0 2 7 4 0	3 4 8 4 2 5	6 0
CODE CAISSE	N° DE COMPTE	TYPE de COMPTE

Montant à porter sur : ☒ Compte chèque ❒ Livret

❒ Autres : ....

Date : 02 05

Signature : *Dubois*

• Joignez dans l'enveloppe le ticket, éventuellement fourni par la machine.

Crédit Mutuel Nord

Dépôt de CHEQUES X — Dépôt de BILLETS ❒

	Montant	Émetteur
X 500	*1 452,25*	*COLARD SA*
X 200	*2 402,30*	*VERNEIL*
X 100	,	
X 50	,	
X 20	,	
X 10	,	
X 5	,	
	,	
TOTAL (chèques ou billets)	*3 854,55*	

Dépôt de chèques : le montant des chèques est crédité sous réserve d'encaissement.
Dépôt de billets : le montant déclaré sera porté au crédit du compte après reconnaissance des espèces.

2.

► **Préparez** les chèques pour la remise à la signature, en évitant tout découvert.

► **Reportez** la référence du règlement sur les factures.

L.CARLIER *Les vêtements du sport*

27, rue du Cambrai 59500 Douai
Tél : 03 27 88 10 52 - Fax : 03 27 88 10 58
RC Douai B 125 648 215 NAF 312R

N° 75

Bon à payer

Doit : MARBELIN SA
29, quai des Mines
59300 Valenciennes

FACTURE N° 1125 Le : 24/04/--

Commande du : 12/04/-- Conditions de paiement : Règlement au 31/05/--

Réf.	Désignation	Quantité	PU HT	% remise	PU net hors taxe	Montant hors taxe
SLC25	Survêtement Léopard Carlier taille 38	10	31,00	10 %	27,90	279,00
SLC26	Survêtement Léopard Carlier taille 40	8	31,00	8 %	28,52	228,16
SLC27	Survêtement Léopard Carlier taille 42	6	35,00	8 %	32,20	193,20
WJL01	Sweat Jean Leduc TECAM taille 40	4	21,00	5 %	19,95	79,80

Observation : *Payé par chèque bancaire BNP n° 9448921 le 31/05*

Facture payable au comptant net sans escompte

Total hors taxe	Taux TVA	Montant TVA	Net à payer
780,16	19,60 %	152,91	**933,07 €**

Papéthèque
12 Place de la Gare
59300 Valenciennes

Payé par chèque CCP n° 944 8922 le 31/05

N° 82

Bon à payer

MARBELIN SA
29, quai des Mines
59300 Valenciennes

Le 08/05/-- Facture n° 658

Réf.	Désignation	Qté	PU	Montant
125	Papier Laser	20	5,20	104,00
345	Calculatrice FUJI	5	16,00	80,00
Total TTC	à payer au 31/05/--			**184,00**

Dont TVA à 19,60 % 30,15 €

RCS Valenciennes B 128 452 125 NAF 256Z
CCP LILLE 1 245 28 P Tél. 03 27 33 28

Cabinet comptable SODEREX
6, Place Watteau 59300 Valenciennes

N° 79

Bon à payer

Facture n° 1025

Payé par chèque BNP n° 944612 le 31/05

Le 08/05/--

MARBELIN SA
29, quai des Mines
59300 Valenciennes

Désignation	Montant
Honoraires du 1er trimestre	500,00
Total hors taxe	500,00
TVA à 19,6 %	98,00
Net à payer au 31/05/__	598,00

TVA acquittée sur les encaissements

N° 9448921 Date *31/05* Ordre *Carlier* € *933,07*

BNP PARIBAS

à rédiger exclusivement en euros

€

Payez contre ce chèque non endossable *Neuf cent trente trois euros 07*

à *L. Carlier*

€ *933,07*

Payable en France Agence N° Compte N°

11 AVENUE D'AMSTERDAM 59300 VALENCIENNES 0 802 35 57 50

02740 34856210
MARBELIN SA
M. LAVENDRIÈRE
29 QUAI DES MINES
59300 VALENCIENNES

à *Valenciennes* le *31/05*

Lavendrière

(14)

9448921 059010004908 027403485621

N° 9448922 Date 31/05 Ordre Soderex € 598,00

BNP PARIBAS

à rédiger exclusivement en euros

€

Payez contre ce chèque non endossable Cinq cent quatre vingt
dix huit euros

à Soderex

€ 598,00

Payable en France Agence N° Compte N°

11 AVENUE 02740 34856210
D'AMSTERDAM MARBELIN SA
59300 M. LAVENDRIÈRE
VALENCIENNES 29 QUAI DES MINES
0 802 35 57 50 59300 VALENCIENNES

à Valenciennes le 31/05

Lavendrière

(14)

chèque N°

9448922 059010004908 027403485621

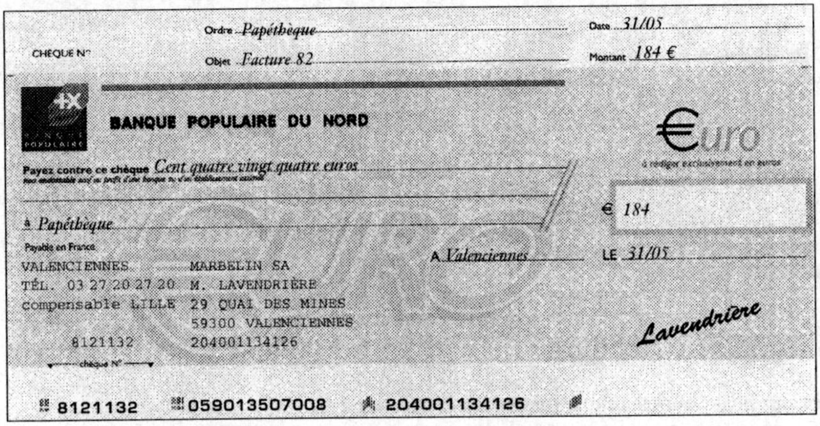

CHÈQUE N° Ordre ~~Papéthèque~~ Date 31/05
Objet Facture 82 Montant 184 €

BANQUE POPULAIRE DU NORD

€uro

à rédiger exclusivement en euros

Payez contre ce chèque Cent quatre vingt quatre euros

non endossable sauf au profit d'une banque ou d'un établissement assimilé

€ 184

à Papéthèque

Payable en France

A Valenciennes LE 31/05

VALENCIENNES MARBELIN SA
TÉL. 03 27 20 27 20 M. LAVENDRIÈRE
compensable LILLE 29 QUAI DES MINES
59300 VALENCIENNES
8121132 204001134126

chèque N°

Lavendrière

8121132 059013507008 204001134126

Résumer

Dans quel cas un chèque reçu ne peut-il pas être remis en banque ou à La Poste ?

- Lorsqu'il y a absence de signature ☒ oui ☐ non
- Lorsque le nom du bénéficiaire n'est pas indiqué ☐ oui ☒ non

Quelles sont les formalités à accomplir pour remettre un chèque en banque ?

- *Compléter un bordereau de remise de chèque*
- *Signer au verso du chèque*
- ...

Quels sont les contrôles à effectuer avant d'établir un chèque ?

- *Vérifier l'échéance du règlement*
- *Vérifier la provision*

La comptabilisation des chèques

9 COMPTABILITÉ — 8 SECRÉTARIAT

Les points forts de la leçon

Il s'agit du traitement comptable du chapitre précédent.
Les élèves doivent retenir qu'un chèque reçu vient en principe d'un client et qu'un chèque créé par l'entreprise permet le plus souvent de payer un fournisseur.

Le plus du professeur

Une saisie sur logiciel de comptabilité de factures d'achats, de ventes et de leur règlement avec édition des grands livres clients et fournisseurs permettra de concrétiser ce chapitre. Les élèves devront vérifier que tous les comptes clients et fournisseurs sont soldés (les factures étant payées).

Découverte

1. L'encaissement des chèques

► **Précomptabilisez** sur ticket comptable la remise de chèques.

Analyse comptable

Comment sont utilisés les 6 584,94 € ?

Emploi = *remise en banque*

D'où viennent les 6 584,94 € ?

Ressources = *du client Mousquet*

du client Souliac

du client Rodriguez

Ticket comptable n° 1

Date : *25/04*	Pièce justificative	
Code JA : *BQ*	Nature : *Remise chèque* Référence : *3148*	
Comptes	**Débit**	**Crédit**
5 1 1 2 1 0 0	*6 584,94*	
4 1 1 1 1 1 5		*1 124,00*
4 1 1 1 2 0 1		*3 332,40*
4 1 1 1 1 9 7		*2 128,54*
Vérification	*6 584,94*	*6 584,94*

2. Le paiement par chèque

► **Précomptabilisez** sur tickets comptables les chèques émis.

Analyse comptable

Comment sont utilisés les 9 854,20 € ?

Emploi = *Paiement de Moriamez*

D'où viennent les 9 854,20 € ?

Ressource = *Banque*

Ticket comptable n° 1

Date : *25/04*	Pièce justificative	
Code JA : *BQ*	Nature : *Chèque* Référence : *3118734*	
Comptes	**Débit**	**Crédit**
4 0 1 1 1 5 4	*9 854,20*	
5 1 1 2 1 0 0		*9 854,20*
Vérification	*9 854,20*	*9 854,20*

Analyse comptable

Comment sont utilisés les 987,30 € ?

Emploi = *Paiement de Norpac*

D'où viennent les 987,30 € ?

Ressource = *La Poste*

Ticket comptable n° 2		
Date : *25/04*	Pièce justificative	
Code JA : *BQ*	Nature : *Ch postal* Référence : *965291124T*	
Comptes	**Débit**	**Crédit**
401168	*987,30*	
514000		*987,30*
Vérification	*987,30*	*987,30*

Application

1. L'encaissement des chèques

▶ **Précomptabilisez** la remise de chèques.

Bordereau de saisie

Journal de *Crédit Mutuel* Code *CM*

Date	N° Pièce	Libellé	N° compte	Débit	Crédit
25/04		*Dépôts de chèques*	*51210*	*781,69*	
…/…			*411GRE*		*245,30*
…/…			*411SON*		*418,24*
…/…			*411MIC*		*118,15*
		Vérification		*781,69*	*781,69*

Attention à l'équilibre débits = crédits.

2. Le paiement par chèque

▶ **Précomptabilisez** les paiements par chèques.

Bordereau de saisie

Journal de *BNP* Code *BNP*

Date	N° Pièce	Libellé	N° compte	Débit	Crédit
26/04	*9448922*	*Chèque SONNET*	*401SON*	*1 245,30*	
…/…			*512110*		*1 245,30*
…/…					
…/…					
		Vérification		*1 245,30*	*1 245,30*

Bordereau de saisie

Journal de … Code

Date	N° Pièce	Libellé	N° compte	Débit	Crédit
26/04	*965907101 31*	*Chèque LUSSAC*	*401LUS*	*6 248,85*	
…/…			*514000*		*6 248,85*
…/…					
…/…					
		Vérification			

Entraînement

1.

▶ **Précomptabilisez** cette facture au journal des ventes code VT.

▶ **Inscrivez** sur la facture dans la partie Observation la mention « Comptabilisé ».

L.Carlier *Les vêtements du sport*

DOUBLE

27, rue de Cambrai 59500 Douai
Tél : 03 27 88 10 52 - Fax : 03 27 88 10 58
RC Douai B 125 648 215 NAF 312R

Monsieur DELFOSSE
Magasin LE SPORTIF
9 bis, rue de l'Unité
59300 AULNOY

FACTURE N° 1125 Le : 18/02

Client n° 411045	Commande du : 18/02/..		Conditions de paiement : Règlement au 18/02/..			
Réf.	Désignation	Quantité	PU HT	% remise	PU net hors taxe	Montant hors taxe
SLC25	Survêtement Léopard Carlier taille 38	10	30,00	10 %	27,00	270,00
SLC26	Survêtement Léopard Carlier taille 40	10	30,00	10 %	27,00	270,00
Observation : *Comptabilisé* *Reçu par chèque n° 7664523 le 18/02*			Total hors taxe	Taux TVA	Montant TVA	**Net à payer**
			540,00	19,60 %	105,84	**645,84 €**

Bordereau de saisie

Journal de *Ventes* Code *VT*

Date	N° Pièce	Libellé	N° compte	Débit	Crédit
18/02	*1125*	*Facture LE SPORTIF*	*411045*	*645,84*	
.../...			*7070000*		*540,00*
.../...			*4457110*		*105,84*
.../...					
		Vérification		*645,84*	*645,84*

▶ **Complétez** ce chèque recto, verso ainsi que le bordereau de remise à la BNP sur le compte de Louis Carlier n° 618425-23 agence 00551 de Valenciennes.

▶ **Inscrivez** sur la facture dans la partie Observation, en cas d'accord sur le montant, la mention (à compléter) « Reçu par chèque n° .... le .... ».

▶ **Précomptabilisez** la remise en banque.

BANQUE POPULAIRE DU NORD

Euro
à rédiger exclusivement en euros

Payez contre ce chèque *Six cent quarante cinq euros 84*
non endossable sauf au profit d'une banque ou d'un établissement assimilé

à *L. Carlier*

€ *645,84*

Payable en France
VALENCIENNES
TÉL. 03 27 20 27 20

Magasin LE SPORTIF
M. Antoine DELFOSSE
9 bis rue de l'Unité
59300 AULNOY
204001182382

A *Valenciennes* LE *18/02/--*

7664523
chèque N°

7 664 523 059013507008 204001182382

Verso du chèque

Compte n° 618425-23

Carlier

BNP PARIBAS

Dépôt de chèques EUROS

Réservé à la Banque
Service : PA :
N° Opé :
N° d'ordre : Folio : Document :

☐ Sur rayon ☐ Hors rayon
Établir un bordereau distinct par nature de dépôt

Date	Code agence	N° de compte (8 chiffres)	Valeur
1 8 0 2	*0 0 5 5 1*	*6 1 8 4 2 5 2 3*	

Émetteurs Éts payeurs et lieux de paiement	Montants
Le Sportif *BPN*	*645,84*
1 Chèque(s) pour EUR	*645,84*

Nom et adresse du bénéficiaire
L. Carlier

Agence tenant le compte
Valenciennes

Référence dépôt (facultatif)

Visa

CM. 0148 E - 11/98

Bordereau de saisie

Journal de *Banque* Code *BQ*

Date	N° Pièce	Libellé	N° compte	Débit	Crédit
18/02	*7664523*	*Chèque LE SPORTIF*	*5 1 1 2 0 0 0*	*645,84*	
.../...			*4 1 1 0 4 5*		*645,84*
		Vérification		*645,84*	*645,84*

2.

► **Analysez** ces documents et **établissez** le chèque.

Quel est le montant à régler ? *24 340,05 €*

La provision en banque est-elle suffisante ? *Oui en utilisant le découvert autorisé*

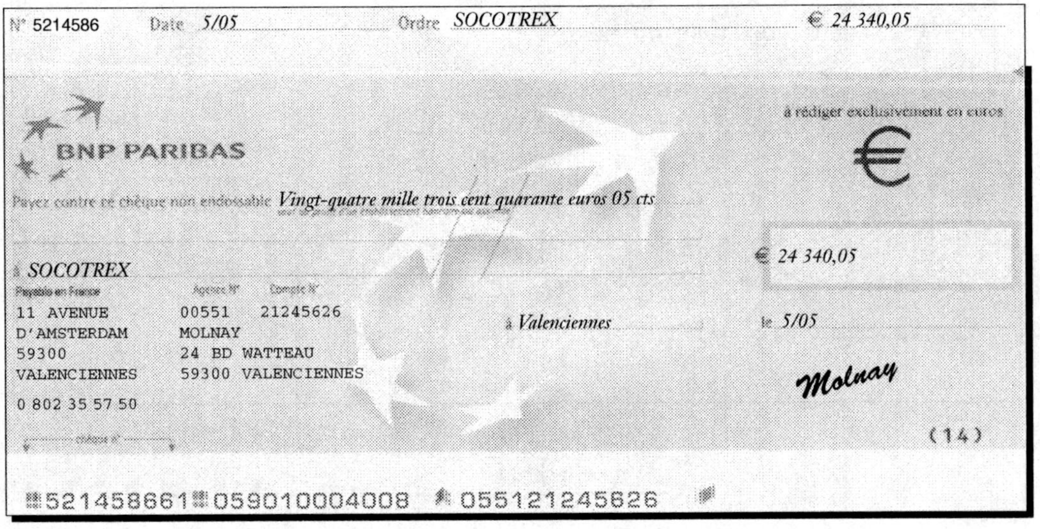

N° 5214586 Date *5/05* Ordre *SOCOTREX* € *24 340,05*

BNP PARIBAS

à rédiger exclusivement en euros

€

Payez contre ce chèque non endossable *Vingt-quatre mille trois cent quarante euros 05 cts*

€ *24 340,05*

à *SOCOTREX*

Payable en France

11 AVENUE D'AMSTERDAM 59300 VALENCIENNES 0 802 35 57 50

Agence N° 00551 Compte N° 21245626

MOLNAY 24 BD WATTEAU 59300 VALENCIENNES

à *Valenciennes* le *5/05*

Molnay

(14)

chèque n°

5214586 059010004008 055121245626

► **Précomptabilisez** le règlement.

Bordereau de saisie

Journal de *Banque* Code *BQ*

Date	N° Pièce	Libellé	N° compte	Débit	Crédit
05/05	*5214586*	*Chèque Socotrex*	*401221*	*24 340,05*	
.../...			*512000*		*24 340,05*
		Vérification		*24 340,05*	*24 340,05*

Résumer

Lors de la comptabilisation d'une remise de chèques :

- le compte 512 Banque ou 514 Chèques postaux est ☒ débité ☐ crédité
- le compte 411 Clients est ☐ débité ☒ crédité

Lors de la comptabilisation d'un paiement par chèque :

- le compte 512 Banque ou 514 Chèques postaux est ☐ débité ☒ crédité
- le compte 401 Fournisseurs est ☒ débité ☐ crédité

Le virement et le prélèvement

10 COMPTABILITÉ

9 SECRÉTARIAT

Les points forts de la leçon

La notion de réciprocité est l'élément essentiel de cette leçon.
S'il faut donner un ordre de virement à la banque par Minitel ou Internet il est nécessaire pour que les 2 partenaires se comprennent d'utiliser le même vocabulaire. C'est le langage bancaire qui l'emporte puiqu'il faut utiliser un support établi par le banquier. L'entreprise demandera donc de créditer son compte banque (pour une augmentation de l'avoir).

Le plus du professeur

Une schématisation par des « plus » et des « moins » sera peut-être nécessaire.
Dans l'écran Internet proposé par la banque et le relevé reçu tous les « débits » viennent en « moins » et tous les « crédits » en « plus » de l'avoir en compte.
Dans le compte 512 Banque tenu par l'entreprise : les recettes viennent s'ajouter aux débits et les dépenses diminuent l'avoir en compte par les crédits.

Découverte

1. Le virement

► **Répondez** à la demande de Monsieur Leduc.

Réponse : *(9 080,89 + 8 622,83) – 15 000 = 2 703,72 €*

► **Complétez** la deuxième page écran (attention à la réciprocité des comptes).

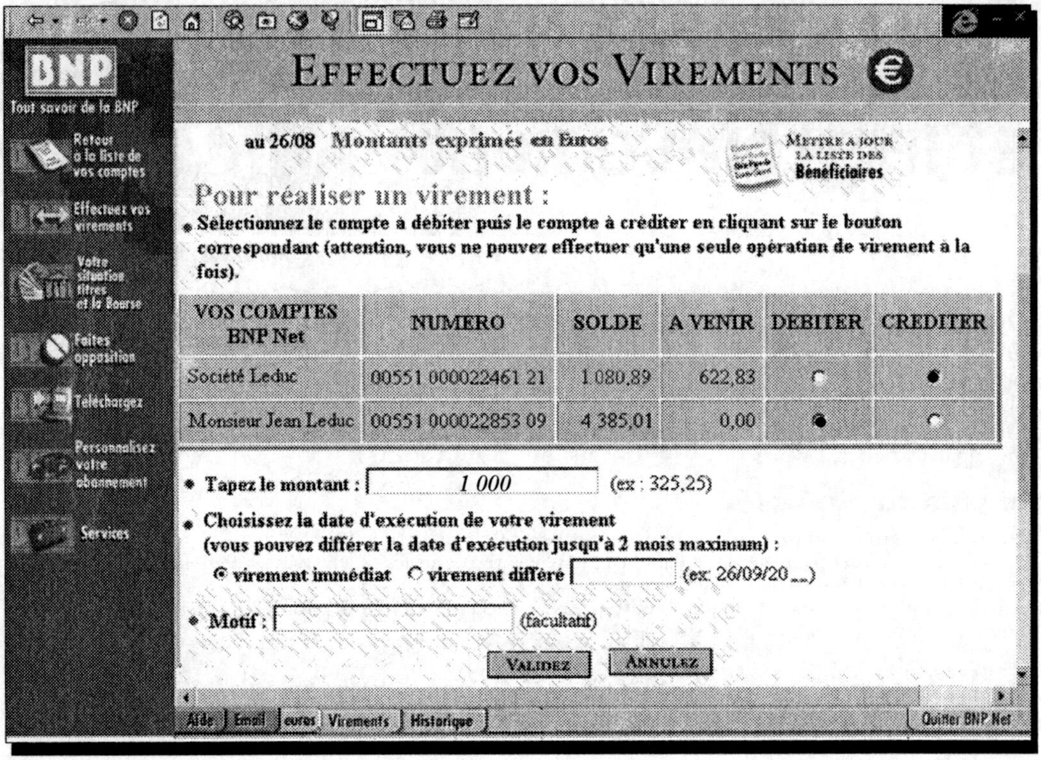

2. La comptabilisation des virements et prélèvements

► **Précomptabilisez** les virements et prélèvements de la période.

Bordereau de saisie

Journal de : *Banque* code *BQ*

Date	N° Pièce	Libellé	N° compte	Débit	Crédit
11/08	*1624*	*Virement SOCOVAL*	*401SOC*	*3 300,00*	
.../...			*512000*		*3 300,00*
11/08	*1624*	*Virement CPMA*	*512000*	*1 552,40*	
.../...			*411CPM*		*1 552,40*
17/08	*1624*	*Prélèvement NORDNET*	*401NOR*	*158,00*	
.../...			*512000*		*158,00*
18/08	*1624*	*Virement SOLLAC*	*512000*	*497,65*	
.../...			*411SOL*		*497,65*
20/08	*1624*	*Virement Mutuva*	*411MUT*		*1 441,85*
.../...			*512000*	*1 441,85*	
25/08	*1624*	*Prélèvement France Télécom*	*401PTT*	*1 460,67*	
.../...			*512000*		*1 460,67*
.../...					
		Vérification		*8 410,57*	*8 410,57*

Application

1. Le virement

BNP Valenciennes n° 202 42124-67.

► **Établissez** l'ordre de virement des salaires d'août à partir de la note de M. Simonet, gérant, et des RIB des employés.

SARL Électric - *Maintenance*
65, rue d'Alsace - 59300 Valenciennes
RCS Valenciennes B 024 128 618

B006

BNP
12, avenue d'Amsterdam
59300 Valenciennes

Objet : Ordre de virement

Date de valeur : 31/08/_ _

Nous vous prions de bien vouloir effectuer un virement de notre compte n° *202 42124-67*
au bénéfice des personnes dont la liste suit :

Bénéficiaire	Banque	Code	Guichet	N° de compte	RIB	Montant
Mme Lantenay	*BNP*	*30004*	*40551*	*00022346224*	*67*	*1 145,36*
M. Saultin	*CCP*	*20041*	*01005*	*0139178J452*	*22*	*1 235,75*
					Total	*2 381,11*

Entraînement

Écran 1
Après le numéro d'abonné et le mot de passe, vous obtenez l'écran ci-contre.

À vous de choisir !

Quel mot clé allez-vous saisir pour émettre un virement ? *VIR*

Écran 2

À vous de choisir !

Quel numéro allez-vous choisir pour effectuer le virement demandé par M. Merlin ? *2*

Écran 3

À vous de choisir !

Quel numéro allez-vous saisir pour le compte à débiter ? *1*

Écran 4

À vous de choisir !

Quel numéro allez-vous saisir pour le compte à créditer ? *4*

Écran 5

À vous de choisir !

Quel montant virez-vous ? .....*1 425*.....

Écran 6

À vous de choisir !

À quelle date effectuez-vous le virement ? ....*31/08*.....

Écran 7

À vous de choisir !

Pour quel motif ? .*Salaire août*..

Écran 8

À vous de choisir !

Comment confirmez-vous le virement ? ..*C + <Envoi>*..

Résumer

Quels renseignements doit connaître une entreprise pour effectuer un virement sur le compte d'un fournisseur ?

..*Son RIB : nom de la banque + code banque + code guichet + n° compte + clé RIB*..........

....

....

Les cartes bancaires

11 COMPTABILITÉ

10 SECRÉTARIAT

Les points forts de la leçon

Cette leçon met en évidence une opération professionnelle rarement étudiée dans les cours en LP. Le référentiel exige une approche rigoureuse de ces pratiques, mais adaptée au niveau des élèves.
Ce qu'il faut mettre en évidence : plusieurs situations sont proposées. L'élève doit faire appel à son bon sens et aux acquis précédents pour résoudre les difficultés.

Le plus du professeur

Le professeur doit expliquer le rôle économique de la carte de paiement, son développement en monétique et son influence sur les conséquences financières de l'entreprise.
Mettre à profit les usages des élèves.
Il serait très intéressant que les élèves qui ont une carte de paiement dans leur famille puissent apporter un ticket.

Découverte

1. Le principe du système de paiement par carte bancaire

Si possible le professeur s'adressera à une banque pour se procurer un contrat vierge de « demande d'ouverture d'un contrat carte bancaire ».
Cet exemple pratique est exploitable d'un point de vue comptable et juridique. Un travail transversal est possible.

2. Le principe de l'encaissement du paiement par carte bancaire

Le client reçoit un exemplaire pour preuve de son paiement. Il doit conserver cette pièce pour la produire le cas échéant.
Le commerçant garde le double pour vérifier avec l'état qui lui sera retourné par le groupement des cartes bancaires et avec le relevé de la banque.

Application

1. Le principe du système de paiement par carte bancaire

Vous rencontrez votre banquier pour fixer les conditions financières des encaissements par carte bancaire. La proposition suivante vous est faite :
– commission : taux de 0,80 % sur chaque paiement par carte,
– si le montant de la commission est inférieur à 1 €, le banquier appliquera une commission forfaitaire de 1 €.

▶ **Calculez** le montant minimal en dessous duquel l'acceptation d'un paiement par carte entraînerait des agios trop importants.

Détail des calculs : *Soit x la valeur nominale*

$x \times 0{,}80\ \% = 1 \quad x = \dfrac{1 \times 100}{0{,}80} = 125\ €$

2. Le principe de l'encaissement du paiement par carte bancaire

► **Répondez** aux questions.

Vous êtes commerçant et avez adhéré au système CB (cartes bancaires) ; différents macarons vous sont proposés pour être collés sur votre vitrine afin d'informer votre clientèle sur les cartes acceptées en paiement. Parmi ces affichettes, une ne correspond pas au contrat de votre adhésion CB. Cochez la case Oui si elle en fait partie ou Non si elle en est exclue.

CB	EUROCARD MasterCard	VISA	Aurore
oui ☒ non ☐	oui ☒ non ☐	oui ☒ non ☐	oui ☐ non ☒

► **Justifiez** votre réponse.

CB – Mastercard – Visa sont mentionnées dans le contrat. Aurore est une carte d'un organisme financier, elle ne permet pas de payer des achats mais d'obtenir des crédits en contrepartie de l'accord d'un prêt.

► **Précisez** les conséquences de l'article 5 pour le commerçant.

En cas d'insolvabilité du client la banque s'engage à régler les dettes pour le compte de celui-ci, le commerçant est garanti du paiement.

Entraînement

Vous disposez d'un extrait du contrat signé par le responsable de l'entreprise où vous exercez votre activité. Avant d'enregistrer les opérations comptables et d'analyser les documents qui seront envoyés par la suite, vous analysez les clauses de ce contrat.

► **Commentez** le document.

1. Autorisation : pourquoi ce montant ? *Au-dessus de 120 € le TPE se connecte au centre des cartes bancaires pour vérifier si ce montant peut être accepté en règlement de l'achat effectué.*

2. Le taux de commission : *Pour chaque paiement, la banque du commerçant lui retient une commission de 1 %.*

3. Le montant minimal : *Montant au-dessous duquel le commerçant refuse le paiement par carte*

4. La date de valeur : *Date théorique à partir de laquelle la banque considère que les fonds sont effectivement dans le compte du commerçant.*

5. La périodicité de calcul : *Date à laquelle la banque effectue son calcul des agios, dans ce cas à chaque opération.*

Résumer

Nom donné à l'ensemble des opérations de paiement par carte bancaire :

Monétique

Nom du terminal utilisé pour enregistrer le paiement par carte bancaire :

Le Terminal de Paiement Électronique ou TPE

Avantage pour le commerçant de ce moyen de paiement :

Il lui apporte une garantie de paiement, la banque prend en charge le risque

Inconvénient pour lui :

En contrepartie de cette garantie de paiement il paie des agios (frais bancaires)

Les cartes bancaires, comptabilisation

12 COMPTABILITÉ

11 SECRÉTARIAT

Les points forts de la leçon

Après avoir découvert le principe de fonctionnement des CB dans le chapitre précédent, l'élève est mis en situation pour enregistrer les opérations en comptabilité. La procédure présentée dans ce livre est celle généralement utilisée dans la pratique, elle est aussi très pédagogique car elle présente une traçabilité des opérations. Une autre procédure est employée, elle consiste à ne pas passer par le compte 51122 Cartes à encaisser mais à passer directement dans le compte bancaire dès réception des bordereaux ou avis du centre de cartes bancaires ou de la banque.

Le plus du professeur

Le professeur doit insister sur la traçabilité des opérations, le sens pédagogique dans ce type d'opération est de montrer aux élèves qu'un mouvement ou une opération avec un tiers doit toujours être constaté par un enregistrement. À tout instant le comptable doit être capable de justifier un flux financier.

Découverte

1. Encaissement par carte bancaire

▶ **Analysez** les documents.

Préambule : L'entreprise passe par un compte de tiers « clients divers » pour enregistrer toutes les factures de vente au comptant.

Analyse de la facture

Indiquez le compte qui constate l'**emploi** :

411DIV Clients divers

Indiquez les comptes qui constatent les **ressources :**

707 Ventes de marchandises

44571 TVA collectée

Analyse du ticket de Carte Bleue

Indiquez le compte qui constate l'**emploi :**

51122 Cartes à encaisser

Indiquez le compte qui constate la **ressource :**

411DIV Client divers

▶ **Enregistrez** les opérations sur les tickets comptables.

Ticket comptable n° 136

Date : *26/05*
Code JA : *VE*
Pièce justificative *Facture vente*
Nature :
Référence : *569*

Comptes	Débit	Crédit
411DIV	*2 170,80*	
7070000		*1 815,05*
4457110		*355,75*
Vérification	*2 170,80*	*2 170,80*

Ticket comptable n° 137

Date : *26/05*
Code JA : *OD*
Pièce justificative
Nature : *Ticket CB*
Référence : *12D7*

Comptes	Débit	Crédit
511220	*2 170,80*	
411DIV		*2 170,80*
Vérification	*2 170,80*	*2 170,80*

► **Étudiez** le document adressé par la banque : l'élève doit connaître ses éléments.

► **Comparez** le relevé avec le double du ticket de CB.

Les informations sont-elles exactes ? ☒ Oui ❐ Non

► **Enregistrez** la commission et la carte bancaire.

Indiquez les comptes qui constatent les **emplois :**

512 Banque

627 Services bancaires

Indiquez le compte qui constate la **ressource :**

51122 Carte à encaisser

Ticket comptable n° 144

Date : *31/05*	Pièce justificative *Relevé compte*	
Code JA : *BQ*	Nature : Référence : *2106*	
Comptes	**Débit**	**Crédit**
512000	*2 105,70*	
627000	*65,10*	
511220		*2 170,80*
Vérification	*2 170,80*	*2 170,80*

2. Paiement par carte bancaire

► **Analysez** les documents et **enregistrez** le paiement au fournisseur Moulino compte n° 401330.

Enregistrez dans les comptes en T

6.0*7.* *Achats de marchandises*

Débit	Crédit
(1) 1 008,36	

44566 *TVA déductible sur ABS*

Débit	Crédit
(1) 197,64	

401*33* *Fournisseur Moulino*

Débit	Crédit
(2) 1 206,00	*1 206,00 (1)*

512 *Banque*

Débit	Crédit
	1 206,00 (2)

Application

I Opérations sur les cartes bancaires

► **Précomptabilisez** sur tickets comptables.

Ticket comptable n° 171

Date : *08/06*	Pièce justificative *Facture Vente*	
Code JA : *BQ*	Nature : Référence : *613*	
Comptes	**Débit**	**Crédit**
411DIV	*7 163,64*	
665000	*60,50*	
707000		*6 050,17*
445710		*1 173,97*
Vérification	*7 224,14*	*7 224,14*

Ticket comptable n° 172

Date : *08/06*	Pièce justificative	
Code JA : *OD*	Nature : *Ticket CB* Référence : *74D9*	
Comptes	**Débit**	**Crédit**
511220	*7 163,64*	
411DIV		*7 163,64*
Vérification	*7 163,64*	*7 163,64*

Ticket comptable n° 186		
Date : *15/06* Code JA : *BQ*	Pièce justificative Nature : *Relevé compte* Référence : *89012*	
Comptes	**Débit**	**Crédit**
5 1 1 2 0 0 0	8 414,67	
6 2 7 0 0 0	207,97	
5 1 1 1 2 2 0		8 622,64
Vérification	8 622,64	8 622,64

Entraînement

► **Analysez** les opérations relatives aux cartes bancaires.

► **Précomptabilisez** sur bordereau de saisie les opérations relatives aux cartes bancaires.

Extrait du plan de comptes

445660	TVA déd. sur biens et services	511220	Cartes à encaisser
411DIV	Clients divers	627000	Services bancaires
512000	Banque		

Bordereau de saisie

Journal de : *Banque* code BQ

Date	N° Pièce	Libellé	N° compte	Débit	Crédit
15/05	*196*	*Relevé compte courant*	5 1 1 2 0 0 0	*13 288,42*	
15/05	*196*	*Relevé compte courant*	6 2 7 0 0 0	*88,28*	
15/05	*196*	*Relevé compte courant*	5 1 1 1 2 2 0		*13 376,70*
.../...					
.../...					
.../...					
		Vérification			

Résumer

Encaissement des règlements clients par carte bancaire

Opérations	411		706/707		44571		51122		512		627		44566	
	D	C	D	C	D	C	D	C	D	C	D	C	D	C
Rappel														
Facture de vente														
– Net à payer	☒	☐	☐	☐	☐	☐	☐	☐	☐	☐	☐	☐	☐	☐
– Valeur nette HT	☐	☐	☐	☒	☐	☐	☐	☐	☐	☐	☐	☐	☐	☐
– TVA	☐	☐	☐	☐	☐	☒	☐	☐	☐	☐	☐	☐	☐	☐
Encaissement														
Ticket de Carte bleue														
– Montant de l'encaissement	☐	■	☐	☐	☐	☐	■	☐	☐	☐	☐	☐	☐	☐
Relevé de compte														
– Montants encaissés des paiements par CB	☐	☐	☐	☐	☐	☐	☐	■	■	☐	☐	☐	☐	☐
– Commissions retenues par la banque	☐	☐	☐	☐	☐	☐	☐	☐	☐	☐	■	☐	☐	☐
– TVA sur les commissions	☐	☐	☐	☐	☐	☐	☐	☐	☐	☐	☐	☐	■	☐

Paiement des fournisseurs par carte bancaire

Opérations	401 404		6.... 2....		44566 44562		512	
	D	C	D	C	D	C	D	C
Rappel								
Facture d'achat								
– Net à payer	☐	☒	☐	☐	☐	☐	☐	☐
– Montant net HT du service	☐	☐	☒	☐	☐	☐	☐	☐
– TVA	☐	☐	☐	☐	☒	☐	☐	☐
Paiement								
Ticket de Carte bleue								
– Montant du paiement	■	☐	☐	☐	☐	☐	☐	■

La lettre de change papier

13 COMPTABILITÉ

12 SECRÉTARIAT

Les points forts de la leçon

Cette étude tient compte des dispositions financières et fiscales de 1997 et 1999. Certaines sont encore mal connues telle la présentation de la lettre de change papier, il faut cependant « coller » à la réalité professionnelle tout en respectant le niveau des élèves de BEP. Il est impossible, à ce stade de la formation, d'exiger la mise en œuvre des règles fiscales comme elles le sont en classe de BAC professionnel. En revanche, les règles relatives à la rédaction ou à l'usage de document doivent être enseignées. Les documents présentés tiennent compte des dispositions de 1999 et 2000, document avec l'unité de compte EUR (euro).

1) Les points forts de la leçon, ce qu'il faut mettre en évidence : l'apprentissage de la rédaction d'une lettre de change doit passer par une bonne compréhension de son schéma de circulation et de son rôle économique.

Vous constatez que nous avons laissé très peu de place au billet à ordre, car celui-ci est de moins en moins utilisé avec les techniques nouvelles qui sont mises en œuvre dans le système bancaire.

2) L'élève doit être capable de retrouver l'information : il est essentiel qu'il sache que des informations sont disponibles dans l'entreprise, mais aussi qu'il soit capable de les rechercher là où elles se trouvent.

Le plus du professeur

Certains logiciels de gestion commerciale éditent des factures/traites : si vous possédez ce type d'outil vous pouvez, avec les élèves, imprimer un exemplaire rempli, puis l'exploiter en faisant retrouver la source des informations portées sur la traite.

Il est possible de vous rendre dans une entreprise qui utilise la lettre de change papier et de demander un exemplaire des conditions de règlement. À l'aide de ce document, vous étudierez avec les élèves les conséquences, pour l'entreprise et le client, de ce mode de paiement.

Découverte

► **Répondez** aux questions ci-dessous :

Qui est le **tireur** ?	*La personne physique ou morale qui crée la traite*
Qui est le **tiré** ?	*La personne physique ou morale qui doit payer la traite*
Qui est le **bénéficiaire** ?	*La personne qui encaissera la traite à l'échéance*
Que représente l'**échéance** ?	*La date de paiement de la traite*
Qu'indique la **domiciliation** ?	*L'identification de la banque qui paiera à l'échéance*

► **Complétez** la lettre de change ci-dessous qui correspond à la situation de la p. 97 du livre élève.

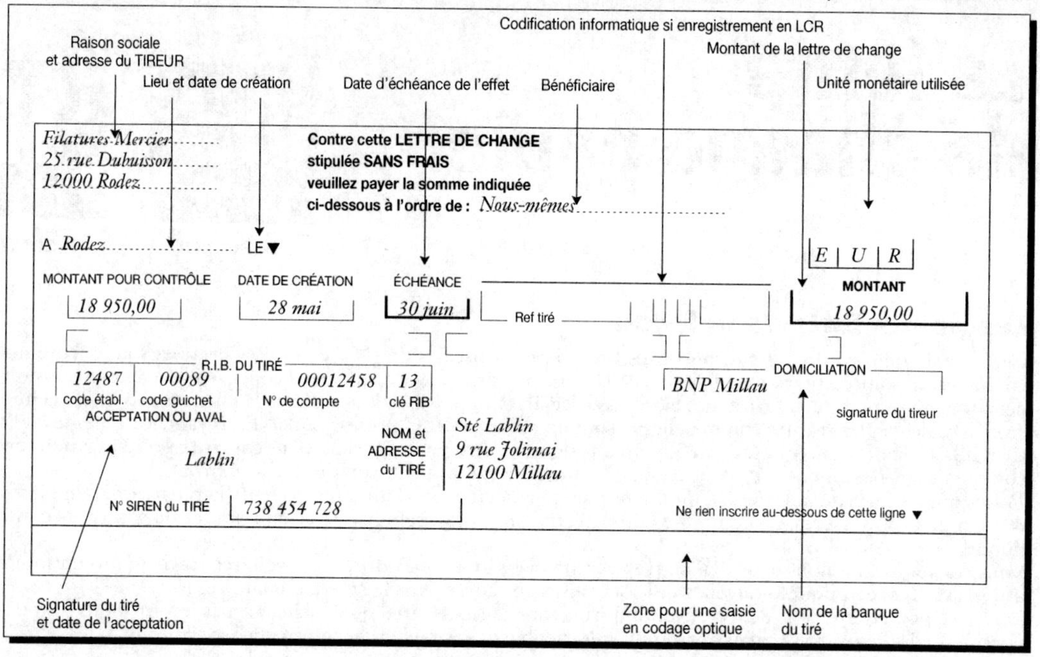

► **Comparez** le schéma de circulation de la lettre de change et du billet à ordre.

Remarque sur le billet à ordre : Les pratiques professionnelles tant au niveau des entreprises que des organismes financiers ont évolué vers un traitement de plus en plus informatique voire de saisie optique (d'où la nécessité de laisser une ligne vierge dans le bas de la traite). La nature même du billet à ordre quelque peu anachronique avec les procédures et l'usage intensif de la LCR magnétique conduisent à ne pratiquement plus utiliser le billet à ordre. La réalité professionnelle est de générer un mode de paiement dès la naissance de la créance, d'où la déclaration de payer par LCR lors de l'établissement de la facture après accord sur les conditions générales de vente (mode de paiement et délai de paiement).

► **Analysez** le schéma de circulation.

Qui crée la **traite** ?	*Le tireur.*
Qui crée le **billet à ordre** ?	*Le souscripteur.*
Qui est le **bénéficiaire** ?	*Celui qui encaissera l'effet à échéance, souvent le tireur.*

► **Précisez** dans les bulles d'où proviennent ces informations, puis **complétez** le document.

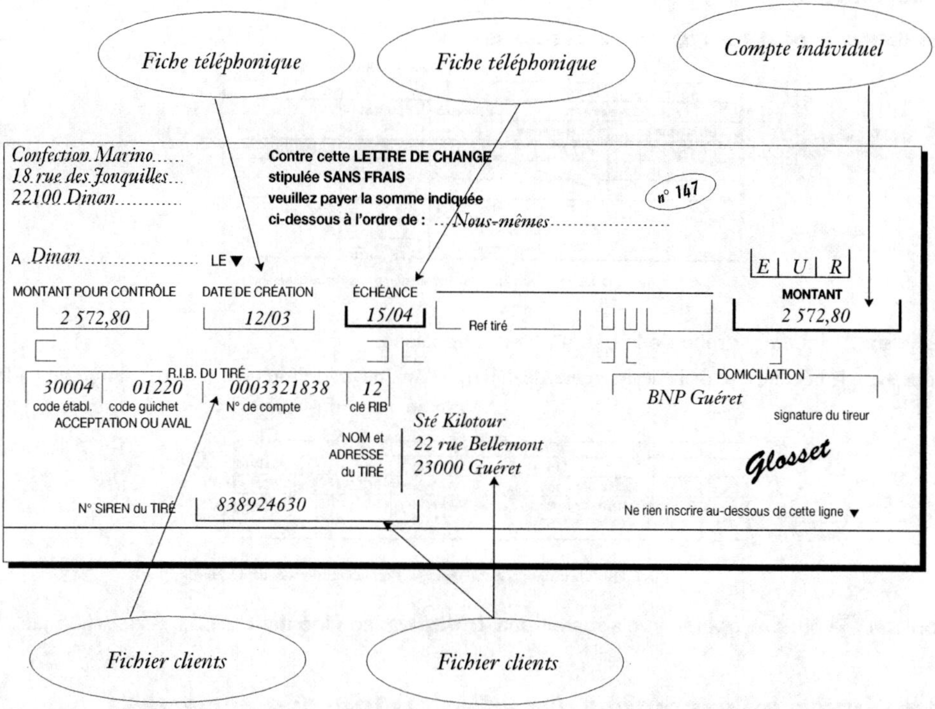

► **Vérifiez** puis **complétez** la lettre de change reçue du fournisseur et retournée acceptée.

La lettre de change est signée le 12 mars par monsieur Glosset.

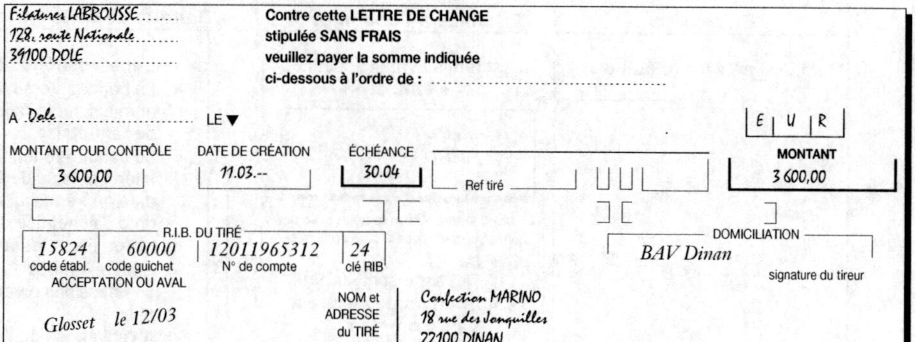
Filatures LABROUSSE
128, route Nationale
39100 DOLE

Contre cette LETTRE DE CHANGE
stipulée SANS FRAIS
veuillez payer la somme indiquée
ci-dessous à l'ordre de :

A Dole LE ▼

EUR

MONTANT POUR CONTRÔLE	DATE DE CRÉATION	ÉCHÉANCE	Ref tiré	MONTANT
3 600,00	11.03.--	30.04		3 600,00

R.I.B. DU TIRÉ

code établ.	code guichet	N° de compte	clé RIB
15824	60000	12011965312	24

DOMICILIATION : BAV Dinan

ACCEPTATION OU AVAL : Glosset le 12/03

NOM et ADRESSE du TIRÉ : Confection MARINO, 18 rue des Jonquilles, 22100 DINAN

signature du tireur

N° SIREN du TIRÉ : 522 341 986

Ne rien inscrire au-dessous de cette ligne ▼

Remarque : Le lieu de création «**A…**» et «**l'ordre de**» ne sont pas à remplir par le tiré, soit c'est un oubli du tireur, soit il souhaite compléter cette information après le retour accepté de l'effet. C'est le cas si LABROUSSE veut désigner un bénéficiaire différent de lui, dans ce cas le tiré n'est pas censé le connaître.

2. La remise à l'encaissement des effets retournés acceptés par les clients

► **Remplissez** le bordereau de remise à l'encaissement

Inscrivez le nominal de l'effet

Indiquez la domiciliation du tiré

Précisez la date d'échéance

				Le 10 avril	
Lieu de paiement		Échéance	Montant	Tiré	
Établissement	Ville et siège				
BNP	*GUERET*	*15/04*	*2 572,80*	KILOTOUR	1
					2
					3
		Total	*2 572,80*		
		Effets retirés			
		Total à encaisser	*2 572,80*		

Calculez le montant total des effets remis à l'encaissement

► **Analysez** le document reçu de la banque : effet encaissé.

La banque avise le bénéficiaire de l'encaissement de l'effet, un avis de crédit (ou un extrait de compte) est adressé à l'entreprise.

Montant porté au crédit du compte

	Solde précédent au 15/04.....			15 600.00
Date	Nature des opérations	Valeur	DEBIT	CREDIT
15/04	Remise d'effets à l'encaissement	18/04		2 572.80
18/04	Commissions sur encaissement	18/04	6.50	

La banque retient des agios

La date de valeur indique la date effective où l'opération est portée dans le compte

► **Attention :** le net de l'opération n'apparaît pas. **Indiquez** son montant : .... *2 566,30* ....

3. La remise à l'escompte des effets retournés acceptés par les clients

► **Reprenez** le cas de l'entreprise filatures MERCIER, page 98.

Entreprise	Remise à l'escompte	Banque de l'entreprise
L'effet est en **« portefeuille »**	Il est remis avant l'échéance et **« endossé »** *Sophie Mercier* *Filatures Mercier* *1er juin* La banque appose un tampon avec son nom et son adresse à côté de l'endos L'effet est inscrit sur un **« bordereau de remise à l'escompte »** Bordereau de remise à l'escompte	• L'effet est **négocié.** • La banque verse le nominal sur le compte de l'entreprise. • La banque retient un intérêt calculé de la date de négociation à la date d'échéance de l'effet, c'est **l'escompte**. • Elle retient des commissions diverses et la TVA. • À l'échéance de l'effet, la banque encaisse le nominal.

► **Précisez** le rôle de la banque : *Elle fait l'avance des fonds avant l'échéance*..........

► **Remplissez** le bordereau de remise à l'escompte (1).

				Le 1er juin	
Lieu de paiement		Échéance	Montant	Tiré	
Établissement	Ville et siège				
BNP	*MILLAU*	*30/06*	*18 950*	Sté Lablin	1
					2
		Total	*18 950*		
		Effets retirés			
		Total à encaisser	*18 950*		

Application

1. Rédaction de la lettre de change

▶ **Complétez** la lettre de change.

Confection Marino
18 rue des Jonquilles
22100 Dinan

Contre cette LETTRE DE CHANGE
stipulée SANS FRAIS
veuillez payer la somme indiquée
ci-dessous à l'ordre de : *Nous-mêmes*

n° 148

A *Dinan* LE ▼

E | U | R

MONTANT POUR CONTRÔLE	DATE DE CRÉATION	ÉCHÉANCE	Ref tiré	MONTANT
48 560,00	*12/03*	*15/05*		*48 560,00*

R.I.B. DU TIRÉ

code établ.	code guichet	N° de compte	clé RIB
60085	*03360*	*0008445171*	*11*

DOMICILIATION : *SG Cannes*

signature du tireur

ACCEPTATION OU AVAL

NOM et ADRESSE du TIRÉ : *Ets Marchand*
96 rue de Souslac
06400 Cannes

Glosset

N° SIREN du TIRÉ : *367 221 578*

Ne rien inscrire au-dessous de cette ligne ▼

▶ **Mettez à jour** l'échéancier des effets adressés aux clients de l'entreprise Confection MARINO à la date du 12 mars (reprendre l'effet n° 147 présenté à la page 100, Découverte 1).

N° des effets	Tiré	Domiciliation	Date de création	Date d'échéance	Valeur nominale
144	*Sté Faroux*	*SG de Lille*	*4 mars*	*31 mars*	*2 562,00*
145	*Sté Renard*	*CL de Paris*	*8 mars*	*31 mars*	*1 894,00*
	Total échéance			*31 mars*	*4 456,00*
146	*Éts Voesten*	*CA de Metz*	*09 mars*	*15 avril*	*1 688,00*
147	*Sté Kilotour*	*BNP Guéret*	*12 mars*	*15 avril*	*2 572,80*
	Total échéance			*15 avril*	*4 260,80*
148	*Ets Marchand*	*SG Cannes*	*12 mars*	*15 mai*	*4 856,00*

2. La remise à l'encaissement des effets retournés acceptés par les clients

▶ **Vérifiez** par pointages (✘) les documents reçus de la banque à partir des informations mises à votre disposition.

Crédit du Nord★ — **EFFETS REMIS A L'ENCAISSEMENT VALEUR EN EUROS** 1/2

Société LOMBARD 2599 248726 003 00 COMPTE COURANT 27/02/____

CONTRAT PORTEFEUILLE : 2599 248726 151 00 ENCAISSEMENT

Remise n° 9615810288 du 27/02/____ Référence remise : 96022802

EFFETS REMIS A L'ENCAISSEMENT (CREDIT ECHEANCE) AU 27/02/____

N° effet	Domiciliation LCC ou nom du tiré LCR	Montant de l'effet	Date échéance	Date de valeur	Comm.	(*)
1	BP ARRAS	8 565,54	11/03 ✕		1,70	
2	CREDIT MUTUEL REIMS	6 239,50	11/03 ✕		1,70	
3	SOCIÉTÉ GÉNÉRALE PARIS	2 152,00	11/03 ✕		1,70	
4	CRÉDIT LYONNAIS DIJON	1 845,56	11/03 ✕		1,70	
5	BERLOON CD PARIS	4 580,00	11/03 ✕		1,70	
	*** CREDIT DE	23 382,60 ✕	VALEUR	13/03/____	***	

(*) A = à faire accepter, D = non domicilié, I = impayé, R = rejet technique FOLIO 1/2

Crédit du Nord★	EFFETS REMIS A L'ENCAISSEMENT VALEUR EN EUROS	2/2

Société LOMBARD 2599 248726 003 00 COMPTE COURANT 27/02/____

CONTRAT PORTEFEUILLE : 2599 248726 151 00 ENCAISSEMENT
Remise n° 9615810288 du 27/02/____ Référence remise : 96022802

5 EFFETS REMIS A L'ENCAISSEMENT (CREDIT ECHEANCE) AU 27/02/____

MONTANT TOTAL DES EFFETS			
	Intérêts + endos		
	Commissions TAXABLES	8,50	×
	Frais divers TAXABLES		
	TVA à 19,60 %	1,67	×
23 382,60	TOTAL AGIOS + TAXES	10,17	×

A VOTRE DEBIT LE 27/02/____ VALEUR 27/02/____ 10,17

FOLIO 2/2

Dans la pratique, le net ne figure pas sur les avis bancaires.

► **Retrouvez** les valeurs qui vont concerner la comptabilité :

– Valeur nominale des effets remis à l'encaissement : ......*23 382,60*...... EUR
– Montant des agios et TVA retenus par la banque : ....*10,17*..... EUR
– Montant net de l'opération : .....*23 372,43*..... EUR

3. La remise à l'escompte des effets retournés acceptés par les clients

► **Analysez** et **vérifiez** les calculs des agios dans le tableau ci-dessous.

Crédit du Nord★	EFFETS REMIS A L'ESCOMPTE VALEUR EN EUROS	1/2

Entreprise SATURNOR 2599 324718 066 00 COMPTE SPEC ESCOMPTE 28/02/____

Référence : 3125155772 du 28 02 ____

BORDEREAU DE DECOMPTE D'ESCOMPTE

N° effet	Domiciliation	Montant de l'effet	Date échéance	Nombre de jours	Intérêt + endos	Comm. taxables	(*)
TAUX APPLIQUÉ POUR CETTE REMISE 4,87 %							
21555780	Crédit Agricole Douai	31 500,00	24/05	90	383,91	2,00	N

(*) A = à faire accepter, S = sort demandé, N = non rées, D = non domicilié, M = dont min. forfait. FOLIO 1/2

Crédit du Nord★	EFFETS REMIS A L'ESCOMPTE VALEUR EN EUROS	2/2

Entreprise SATURNOR 2599 324718 066 00 COMPTE SPEC ESCOMPTE 28/02/____

Référence : 3125155772 du 28 02 ____

BORDEREAU DE DECOMPTE D'ESCOMPTE

Frais divers	Intérêt + Endos	Commissions taxables	TVA 19,60 %
	383,91	2,00	0,39

MONTANT TOTAL DES EFFETS	31 500,00
TOTAL AGIOS + TAXES (TEG : 5,00 %)	386,30
A votre débit le 28 02 ____ Valeur 24 02 ____ MONTANT	386,30

FOLIO 2/2

► **Attention :** le net n'apparaît pas sur les imprimés adressés par les banques, **calculez-le** :

..*Nominal des effets*......*31 500,00*..

..*Agios*............................*386,30*..

..*Net de l'opération*.......*31 113,70*..

Remarque : un arrêté de la Cour de cassation a imposé en 1997 le calcul des intérêts de découvert sur 365 jours. La pratique ne semble guère tenir compte de cet avis. Certaines entreprises dans leurs relations avec leur banquier ont fait jouer cette disposition sans rencontrer de difficulté particulière.

Détail des calculs des différents frais à faire vérifier :

– escompte calculé sur 360 jours : taux 4,87 % Nbre de jours : 90	
31 500 × 4,87 × 90/360 =	383,51
– Commission d'endossement : 383,91 – 383,51 =	0,40
– calcul de la TVA : 2 × 19,60 % =	0,39
– Commission taxable =	2,00
Total des agios	386,30

Entraînement

► **Complétez** l'état des effets en portefeuille en indiquant par une croix s'il s'agit d'un effet à payer ou d'un effet à recevoir.

État des effets en portefeuille échéances du 15 au 31 mars

Nom de la banque	Agence	Domiciliation
BNP	Anzin	n° compte 00 003302011 24
Caisse d'Épargne Pays du Hainaut	Anzin	n° compte 04 011666899 63

Type À payer	Type À recevoir	N° Effet accepté	TIRÉ	TIREUR	Montant accepté en EUR	Échéance	Domiciliation
x		224	Michaud	Prodfrance	1 250,00	15.03	Caisse d'Épargne
	x	236	SA Berne	Michaud	9 560,00	10.03	SG Nancy 08 254 131 782 24
x		225	Michaud	SA Capec	2 100,00	15.03	Caisse d'Épargne
x		228	Michaud	Configair	1 975,00	15.03	Caisse d'Épargne
	x	242	Sté Ricard	Michaud	8 845,00	10.03	CA Lille 04 576 324 012 32
	x	246	Martin Rey	Michaud	3 266,00	15.03	BNP Arras 01 037 678 412 22
x		256	Michaud	Prodfrance	2 642,00	31.03	Caisse d'Épargne
x		257	Michaud	Mecatec	3 174,00	31.03	Caisse d'Épargne

► **Remplissez** l'imprimé de remises d'effets à l'encaissement à la BNP Paribas à la date du 5 mars.

BNP PARIBAS — Bordereau de remises d'effets

Agence : 094 623 08 — 189 246 16

Date :

(1)		
	Escompte en intérêts	1
	Escompte de chaîne	2
	Escompte en valeur	3
X	Encaissement	5

(1) Mettre une croix dans la case correspondante

Nom et adresse du client : *Entreprise MICHAUD SARL, 24 rue Paul Merlin*

Code et lieu d'acheminement postal

Valeur en euros

Référence du contrat (agence, type, numéro)	Date de départ des agios	N.S.C.	Réf. remise	Cond.	Date de valeur

Nom du tiré	Domiciliation	Échéance	Montant
SA BERNE	*SG Nancy 0825413178224*	*10 mars*	*9 560,00*
Sté RICARD	*CA Lille 0457632401232*	*10 mars*	*8 845,00*
MARTIN REY	*BNP ARRAS 0103767841222*	*15 mars*	*3 266,00*

Griffe de réception de l'agence

Nombre d'effets : *3*

Total	*21 671,00*
Effets retirés	*0,00*
Crédit en compte	*21 671,00*

► **Rappelez** le rôle de l'imprimé : avis de domiciliation ; **cochez** la case correspondant à la bonne réponse (pour vous aider, lisez attentivement le document présenté ci-dessous).

❑ L'avis est rempli par le tireur qui prévient sa banque que des effets seront encaissés à une échéance donnée.
☒ L'avis est rempli par le tiré qui prévient sa banque que des effets seront à payer à une échéance donnée.

► **Remplissez** l'imprimé d'avis de domiciliation remis à la Caisse d'Épargne le 5 mars.

CAISSE D'EPARGNE
DES PAYS DU HAINAUT

AVIS DE DOMICILIATION

(A remettre 10 jours avant échéance)

Nom et Adresse du Client

Société MICHAUD SARL
24 rue Paul Merlin
59300 VALENCIENNES
Tél :
N° Compte *0 4 0 1 1 6 6 6 8 9 9 6 3*

Nous prions la Caisse d'Epargne de bien vouloir acquitter par le débit du compte référencé les domiciliations ci-après :

Date : *5 MARS 20..*

SIGNATURE :

MICHAUD

Valeur en euros

TIREUR	A OU NA	DATE D'ECHEANCE	MONTANT de L'EFFET	MONTANT à PAYER
PRODFRANCE	*A*	*15 MARS*	*1 250,00*	*1 250,00*
SA CAPEC	*A*	*15 MARS*	*2 100,00*	*2 100,00*
CONFIGAIR	*A*	*15 MARS*	*1 975,00*	*1 975,00*
		TOTAL	*5 325,00*	*5 325,00*

1er exemplaire : Caisse d'Epargne - 2ème exemplaire : Client

* A : Accepté - NA : Non Accepté

Réf. PRE-015

Résumer

1. Le fournisseur est appelé **tireur** ☐ **tiré** ☒

2. Sur une lettre de change la domiciliation indique la banque du **tireur** ☐ **tiré** ☒

3. La banque m'envoie un **avis de crédit**
   – mon compte **augmente** ☒ **diminue** ☐
   – il correspond à un **encaissement** ☒ **décaissement** ☐

4. La banque m'envoie un **avis de débit**
   – mon compte **augmente** ☐ **diminue** ☒
   – il correspond à un **encaissement** ☐ **décaissement** ☒

5. La lettre de change classique est-elle faite sur papier ou est-ce un enregistrement magnétique ?

C'est un support papier.

6. Le **bénéficiaire** peut être aussi le **tireur** ☒ **tiré** ☐

7. Qui signe pour acceptation la lettre de change ? Le **tireur** ☐ **tiré** ☒ **bénéficiaire** ☐

8. Que signifie le sigle **RIB** ? *Relevé d'identité bancaire.*

Quelles sont les informations qu'il fournit ? *La raison sociale du titulaire du compte, le n° du compte, le nom de la banque et son adresse.*

9. Pourquoi remettre un **effet à l'encaissement** ?

Pour permettre à la banque de le présenter, à l'échéance, à la banque du tiré à fin de paiement.

10. Pourquoi remettre un **effet à l'escompte** ?

Pour disposer des fonds, dont le montant est inscrit sur l'effet, avant l'échéance, cette opération entraîne des agios pour le bénéficiaire.

11. Pourquoi la banque retient-elle des **commissions** ?

Les commissions rétribuent le service rendu par la banque.

12. Pourquoi calcule-t-elle un **escompte** ?

L'escompte est un intérêt, calculé en jours, au profit de la banque.

La lettre de change relevé magnétique

14 COMPTABILITÉ

13 SECRÉTARIAT

Les points forts de la leçon

Ce chapitre est un complément au chapitre sur la LCR papier ; il a été réalisé séparément car les procédures d'utilisation et d'enregistrement sont différentes. Comme précédemment, cette procédure de paiement n'est pas nouvelle mais très peu enseignée. Dans le cadre de la réforme du BEP (moins mais mieux), il est nécessaire d'intégrer ces nouvelles techniques dans notre enseignement.

1) Les points forts de la leçon, ce qu'il faut mettre en évidence : il faut que les élèves comprennent que même si le document n'est pas matérialisé, on doit retrouver la trace des opérations concernées. L'étude des documents est donc importante, il faut insister sur leur fonction et mettre en évidence les contrôles possibles.

2) Pour que l'enregistrement comptable soit acquis correctement il faut que l'élève ait bien compris ce chapitre.

Le plus du professeur

Le professeur doit mettre en évidence le schéma de circulation, expliquer les termes nouveaux et les techniques utilisées (la télétransmission, la télématique, etc.).

Les documents de ce chapitre sont utilisés par la profession.

Mettre en évidence que les techniques nouvelles de transmissions de données vont progressivement vers la suppression d'envois de documents papier par la poste, et qu'ils sont remplacés par des liens informatiques (transmission via un modem). D'autres exemples existent : la déclaration de TVA, les déclarations de BIC, BNC, les déclarations de plus-value et moins-value… utilisent aussi la transmission téléinformatique (transfert de fichiers via l'informatique sur le réseau commuté ou numérique).

Découverte

I Organisation et procédure de paiement par LCR

► **Indiquez** le nom des documents transmis au fournisseur et au client par les banques respectives, à partir du schéma de circulation présenté en page 109 du manuel de l'élève.

La Banque de France dispose d'un service d'information très bien fait.

Il est tout à fait possible de s'adresser à lui pour obtenir une information complète sur la spécificité de la LCR.

SOCIÉTÉ TURENNE Facture n° 124
59163 Condé

ÉTABLISSEMENTS HURON
59230 St-Amand

La facture est payable en notre traite qui sera présentée directement à l'échéance indiquée. A bonne fin, veuillez aviser votre banque en temps utile.

– Faire expliquer cette phrase aux élèves.

– L'élève doit être capable de commenter ce schéma.

SOCIÉTÉ TURENNE

BANQUE DE TURENNE

CRÉDIT AGRICOLE DU NORD
CAISSE RÉGIONALE DE CRÉDIT AGRICOLE DU NORD
10, avenue Foch B.P. 369 59020 Lille Cedex
Tél. 03 20 63 70 00 RCS Lille B 783 691 686

ÉTAT IMPRIMÉ

Le 08/03/-- Sté TURENNE Folio 1
CRÉDIT AGRICOLE CPTE titre 02599 10 000332 Le 08/03/--

Désignation TIRÉ	MONTANT	ÉCHÉANCE	DOMICILIATION	BANQ	GUICH	COMPTE
Ets HURON	7 647,24	03/04/--	CRÉDIT DU NORD	30076	02599	248777002

Télétransmission de l'ordre de payer à échéance à la banque du tiré

Expliquer aux élèves le principe de la télé-transmission.

AVIS D'EFFETS REMIS À L'ENCAISSEMENT

NOM DU DOCUMENT ADRESSÉ AU TIREUR

............*Remise de LCR à l'encaissement*............

BANQUE DE HURON (la domiciliation)

Crédit du Nord★

AVIS DE PAIEMENT DES LCR

NOM DU DOCUMENT ADRESSÉ AU TIRÉ

................*Relevé de lettre de change*................

Application

Organisation et procédure de paiement par LCR

1.

▶ **Répondez** aux questions.

1. Nom du document : ......*Remise à l'encaissement*......

2. Expliquez la mention sur le document « Frais d'encaissement HT portés à votre débit » :

....*Les agios viennent diminuer le compte banque*......

3. Indiquez le numéro du compte de la société Turenne : ....*913245T*......

4. Analysez les montants :

– Montant de la remise : ....*7 647,24* EUR Est-ce un **encaissement** ☒ **décaissement** ☐ ?

– Montant des retenues : ....*1,67* EUR Est-ce un **encaissement** ☐ **décaissement** ☒ ?

– Montant net de la remise : ....*7 645,57* EUR

5. L'échéance est au 05/04/__, que représente la date de valeur 06/04/__ ?

....*La banque considère que les fonds seront effectivement sur le compte à la date du 6 avril*......

......

2.

▶ **Répondez** aux questions.

1. Nom du document : ......*Relevé de lettre de change*......

2. Indiquez le numéro du compte des Éts HURON : ......*248777002*......

3. Analysez les montants :

- Montant du prélèvement : ......*7 647,24* EUR
- Est-ce un **encaissement** ☐ **décaissement** ☒ ?

4. Apportez sur le document les inscriptions nécessaires dans le cas où M. Huron n'accepte le prélèvement que pour la somme de 7 200,00 €. Suivez les consignes imprimées sur le relevé.
Le document doit-il être retourné à la banque ? OUI ☒ NON ☐

N° D'ORDRE	TIREUR		REFERENCE	ECHEANCE	MONTANT	REFUS
3498080	Sté TURENNE		0000004112500 A	03/04/__	7 647,24	...*447,24*.
DOMICILIATION	**ETABL**	**AGENCE**	**COMPTE**	**VALEUR**	**TOTAL RELEVE**	**REFUS €**
CONDE	30076	02599	248777002	03/04/__	**7 647,24**	...*447,24*.
L'enregistrement au débit de votre compte du montant inscrit dans la case " total du relevé " équivaudra à la détention par vous-même des effets acquittés. A = Accepté Néant : non accepté				*Le 01.04. ... Huron*	**BON A PAYER** ..*7 200,00*.	...*447,24*.

Entraînement

▶ **Apportez** à ce document les modifications nécessaires, en tenant compte des recommandations de M. Maillard qui figurent dans la note d'information.

Crédit du Nord★ RELEVE DE LETTRE DE CHANGE VALEUR EN EUROS

RELEVE DE LETTRES DE CHANGE PRESENTEES AU PAIEMENT

NOUS PAYONS LES EFFETS DU PRESENT RELEVE COUVERT PAR VOTRE "BON A PAYER PERMANENT"

Ets MAILLARD
2 rue de Valbeau
59220 DENAIN

EN CAS DE DESACCORD SEULEMENT :
Après avoir complété le relevé ci-après de vos instructions de rejet veuillez dater, signer et y porter en bas le montant total à payer et le montant total refusé, l'ensemble formant le total du relevé.
Merci de nous renvoyer ensuite le relevé d'instructions à l'adresse mentionnée avant la date limite indiquée.

RELEVÉ	FOLIO	TIRAGE N°	REGLEMENT	ENVOI
0612	1		16/10/__	10/10/__

N° D'ORDRE	TIREUR	REFERENCE	ECHEANCE	MONTANT	REFUS
3682140	Louis GUOULOIR	0000005269730	15/10/__	12 560,00	....*860,00*
3682141	Sté LEPRETRE	0000005269742	15/10/__	5 642,00	....

DOMICILIATION	ETABL	AGENCE	COMPTE	VALEUR	TOTAL RELEVE	REFUS €
DENAIN	30082	02600	341778403	15/10/__	**18 202,00**	....*860,00*

Le 11.10. ...
Maillard

BON A PAYER

17 342,00 . ....*860,00*

L'enregistrement au débit de votre compte du montant inscrit dans la case " total du relevé " équivaudra à la détention par vous-même des effets acquittés. A = Accepté Néant : non accepté

Résumer

1. Que signifie l'abréviation LCR ? *Lettre de change relevé.*

2. Pourquoi certains professionnels appellent-ils la LCR magnétique : LCR dématérialisée ?

Le document n'existe pas sous une forme papier, son inscription est portée sur un support magnétique, le document n'est donc pas matérialisé.

3. La LCR sous forme papier a été créée pour limiter les difficultés de transmission et augmenter la rapidité du traitement. Pour que l'effet puisse être traité informatiquement entre la banque du tireur et celle du tiré, quelle information **indispensable** doit figurer sur la LCR ?

Le RIB du tiré (son identification bancaire).

Quelques chiffres pour comprendre la nécessité technique de la LCR. Essayez de trouver la valeur qui vous semble la plus vraisemblable.

- Nombre de lettres de change en circulation :
200 000 ☐ 2 000 000 ☐ 20 000 000 ☐ 200 000 000 ☒ 2 000 000 000 ☐

- Coût HT du traitement d'une lettre de change classique (support papier) :
0,76 € ☐ 1,52 € ☐ 2,29 € ☐ 4,57 € ☒ 7,62 € ☐ 15,24 € ☐

- Coût HT du traitement d'une lettre de change relevé (support magnétique) :
0,15 € ☐ 0,45 € ☒ 0,76 € ☐ 1,52 € ☐ 4,57 € ☐ 7,62 € ☐

4. L'entreprise opte pour une gestion par LCR magnétique, elle doit faire des investissements, dites lesquels :

Achat d'un micro-ordinateur et d'un logiciel spécifique délivré par la banque.

5. Dans l'organisation de la gestion des LCR magnétiques, le TIRÉ doit-il adresser à sa banque un avis de domiciliation ?

Non

Pourquoi ? *C'est sa banque qui lui adresse quelques jours avant l'échéance la liste des effets à payer : le relevé de lettres de change. La banque dispose donc déjà de l'information.*

6. Les banques transforment progressivement les LCC (lettres de change classiques) en LCR : cette opération est réalisée dans les relations interbanques. Pourquoi faut-il néanmoins savoir remplir une lettre de change ?

Les entreprises PME-PMI qui utilisent les LCC sont encore nombreuses ; elles n'utilisent pas toute cette procédure informatique avec leur banque.

Les effets à payer papier

15 COMPTABILITÉ — 14 SECRÉTARIAT

Les points forts de la leçon

Il faut faire acquérir les notions de base afin que celles-ci soient bien assimilées pour les chapitres suivants. La répétition des informations et la similitude de présentation avec la leçon sur les effets à recevoir doivent permettre à l'élève de se situer dans chaque cas, de comprendre les enregistrements chez le tiré, chez le tireur.

Le plus du professeur

Animer la classe en mettant l'élève à chaque fois dans la situation de l'entreprise face à son fournisseur. Si l'approche des effets à payer a été bien comprise, celle des effets à recevoir doit passer facilement.

Découverte

1. Le principe d'enregistrement de la LCC (lettre de change classique)

EFFET DE COMMERCE ou LETTRE DE CHANGE ou TRAITE
Ces expressions désignent le même document.

▶ **Enregistrez** dans les comptes en T et **répondez** aux questions.

La situation	Le principe	La conséquence comptable
La création de l'effet	La dette vis-à-vis du fournisseur est remplacée par un engagement de payer représenté par un document appelé : **EFFETS À PAYER.**	40 .... Fournisseur .... : débit **1 000,00** / crédit 1 000,00 — **4.... EFFETS À PAYER** : crédit **1 000,00** Après enregistrement dans les comptes, quel constat faites-vous pour le compte Fournisseur ? ....
Le paiement de l'effet à l'échéance	À l'échéance, l'effet à payer n'est plus **à payer** puisque l'argent est retiré du compte courant (banque ou CCP).	**4.... EFFETS À PAYER** : débit *1 000,00* / crédit **1 000,00** — 512 Banque ou 514 CCP : crédit *1 000,00* Après enregistrement dans les comptes, quel constat faites-vous pour le compte Effets à payer ? *il est soldé*

2. La lettre de change papier : fournisseurs de biens ou de services

403 FOURNISSEURS – EFFETS À PAYER

► **Analysez** les documents et **reportez** les opérations dans les comptes en T du grand-livre.

SCIERIE ARVAN — **Facture n° 256**
60100 CREIL

Menuiserie LEFEBVRE
60000 Beauvais

Le 22 février _ _

Désignation	Montant
1 000 planches pin	6 050,17
TVA 19,60 %	1 185,83
Montant Net € TTC	7 236,00

Règlement : à 30 jours fin de mois par acceptation d'une lettre de change

Vous repérerez ces opérations dans les comptes en T par la lettre A.

Indiquez le(s) compte(s) (nos et noms)

- qui constatent l'**emploi**

601000 .... *Achats Matières premières* ....

445660 .... *TVA déd. sur ABS* ....

- qui constate la **ressource**

401018 .... *Fournisseur Arvan* ....

Précisez la date d'échéance du règlement :

Le 31 mars ....

Scierie ARVAN — **Lettre de change EURO**
60100 Creil

Création	Échéance	Montant
24/02/_ _	31/03/_ _	7 236,00

Acceptée
Le 25/02/_ _ — Tiré Lefebvre — *Arvan*
Lefebvre — 60000 Beauvais — N° 125

Vous repérerez ces opérations dans les comptes en T par la lettre B.

Indiquez le compte (n° et nom)

- qui constate l'**emploi**

401018 .... *Fournisseur Arvan* ....

- qui constate la **ressource**

403000 .... *Effets à payer* ....

Menuiserie LEFEBVRE — Beauvais le 27 mars
60000 BEAUVAIS

Monsieur le Directeur
Société Générale

Objet :
Effet domicilié

Monsieur le Directeur
Je vous avise que l'effet de la scierie ARVAN doit être présenté à l'échéance du 31/03 pour un montant de 7 236,00 €

Nom de ce document : .... *Avis de domiciliation* ....

Il peut être fait sur « papier libre » ou sur un document spécial émis par la banque.

Rôle de ce document : .... *Prévenir le banquier qu'un effet va être présenté pour paiement* ....

S'enregistre-t-il en comptabilité ? OUI ❐ NON ■

SOCIÉTÉ GÉNÉRALE
Avis n° 172 en date du 31/03
AVIS DE DÉBIT

Code opération	Effet nom du tireur	Date opération	Date valeur	Montant à votre débit
Dom	ARVAN	31/03/_ _	29/03/_ _	7 236

Titulaire du compte 00012547
Monsieur Lefebvre
60000 Beauvais — Valeur en EUROS

Vous repérerez ces opérations dans les comptes en T par la lettre C.

Indiquez le compte

- qui constate l'**emploi**

403000 .... *Effets à payer* ....

- qui constate la **ressource**

512000 .... *Banque* ....

Grand livre

Analyse	Constatent		
Opérations	La naissance de la dette	L'engagement de payer à une échéance	Le paiement de la dette à l'échéance
Les opérations signalées par la lettre A	■	❒	❒
Les opérations signalées par la lettre B	❒	■	❒
Les opérations signalées par la lettre C	❒	❒	■

601000 *Achats MP...*	
A 6 050,17	

445660 *TVA déd/ABS*	
A 1 185,83	

401018 *..Fr.Arvan....*	
B 7 236,00	*7 236,00 A*

403000 *Effets à payer*	
C 7 236,00	*7236,00 B*

512000 *..Banque.......*	
	7 236,00 C

► **Analysez** l'opération sur le plan de la trésorerie.

À quelle date la dette est-elle apparue ? *Le 22 février.*

À quelle date la dette a-t-elle été payée ? *Le 31 mars.*

Quel avantage voyez-vous pour la trésorerie de l'entreprise Lefebvre ? *Elle obtient un délai de paiement de 37 jours.*

L'entreprise est-elle obligée de payer à l'échéance ? *Oui.*

Que se passerait-il si « l'échéance n'était pas honorée » ? *L'effet est « rejeté » par la banque du tiré, un avis interbancaire est fait entre les deux banques : tiré et tireur. Le tireur peut faire constater le non-paiement par voie judiciaire. Ce constat peut être le départ d'une procédure de cessation de paiement et entraîner la faillite de l'entreprise « tiré ».*

3. La lettre de change papier : fournisseurs d'immobilisations

► **Analysez** les documents et **reportez** les opérations dans le grand-livre (comptes en T).

METALBOIS
75000 PARIS

Facture n° 861

Menuiserie LEFEBVRE
60000 Beauvais

Le 4 mars _ _

Désignation	Montant
Ensemble tours et cintreuses	28 738,29
TVA 19,60 %	5 632,71
Montant Net € TTC	34 371,00

Règlement : à 60 jours par acceptation d'une lettre de change

Vous repérerez ces opérations dans les comptes en T par la lettre A.

Indiquez le(s) compte(s) (n^{os} et noms)

- qui constatent l'**emploi**

215400 *Matériel industriel*

44562 *TVA sur immobilisations*

- qui constate la **ressource**

404000 *Fournisseurs d'immobilisations*

Précisez la date d'échéance du règlement :

4 mai

METALBOIS **Lettre de change**	
75000 Paris	EURO
Création 4/03/--	Échéance 4/05/-- · Montant 34 371,00 €
Acceptée Le 4/03/-- Lefebvre	Tiré Lefebvre 60000 Beauvais · Benoit · N° 218

Vous repérerez ces opérations dans les comptes en T par la lettre B.

Indiquez le compte (n° et nom)

- qui constate l'**emploi**

404000 .... *Fournisseurs d'immobilisations* ....

- qui constate la **ressource**

405000 .... *Fournisseurs d'immo – Effets à payer*

Menuiserie LEFEBVRE Beauvais le 27 mars
60000 BEAUVAIS

Monsieur le Directeur
Société Générale

Objet :
Effet domicilié

Monsieur le Directeur
Je vous avise que l'effet de METALBOIS doit être présenté à l'échéance du 04/05/-- pour un montant de 34 371,00 €

Nom de ce document : ....*Avis de domiciliation*...........

Il peut être fait sur « papier libre » ou sur un document spécial émis par la banque.

Rôle de ce document : *Aviser la banque d'un paiement à échéance*...........

S'enregistre-t-il en comptabilité ? OUI ❐ NON ■

SOCIÉTÉ GÉNÉRALE
Avis n° 212 en date du 05/05/--
AVIS DE DÉBIT

Code opération	Effet nom du tireur	Date opération	Date valeur	Montant à votre crédit
Dom	Métalbois	04/05/--	02/05/--	34 371

Titulaire du compte 00012547
Monsieur Lefebvre
60000 Beauvais
Valeur en euros

Vous repérerez ces opérations dans les comptes en T par la lettre C.

Indiquez le compte (n° et nom)

- qui constate l'**emploi**

405000 .... *Fournisseurs d'immo. – Effets à payer*

- qui constate la **ressource**

512000 .... *Banque* ....

Grand livre

Analyse	Constatent		
Opérations	La naissance de la dette	L'engagement de payer à une échéance	Le paiement de la dette à l'échéance
Les opérations signalées par la lettre A	■	❐	❐
Les opérations signalées par la lettre B	❐	■	❐
Les opérations signalées par la lettre C	❐	❐	■

215400 Débit	*215400* Crédit
28 738,29	

44562 Débit	*44562* Crédit
5 632,71	

404000 Débit	*404000* Crédit
B 34 371,00	*34 371,00 A*

405 Débit	*405* Crédit
C 34 371,00	*34 371,00 B*

512 Débit	*512* Crédit
	34 371,00 C

Application

1. Le principe d'enregistrement de la LCC (lettre de change classique)

► **Complétez** le tableau ci-dessous en indiquant le numéro et le nom du compte concerné.

Achat	Le fournisseur		La TVA		Les effets à payer	
	N°	Intitulé	N°	Intitulé	N°	Intitulé
Biens et services	*401*	*Fournisseur*	*44566*	*TVA déd. sur ABS*	*403*	*Fournisseur effets à payer*
Immobilisations	*404*	*Fournisseur Immo.*	*44562*	*TVA déd. sur Immo.*	*405*	*Fr. Immo effets à payer*

2. La lettre de change papier : fournisseurs de biens ou de services

Vous êtes chargé(e) d'enregistrer en comptabilité les effets reçus des fournisseurs. Tous sont signés et retournés acceptés.

► **Mettez** à jour l'échéancier.

N° Effet	Raison sociale Tireur	Ville	Date échéance	Mai		Juin	
				1-15	16-31	1-15	16-30
136	Jean Pottin	Paris	15 mai	1 895,05			
268	Levasseur	Lille	20 mai		750,00		
310	Martin et Cie	Sète	15 juin			940,00	
324	*Loubert*	*Belfort*	*30 juin*				*7 562,00*
418	*Sauvet*	*Chaumont*	*30 juin*				*1 845,00*

► **Recherchez** le code du journal qui doit être choisi pour enregistrer l'opération relative aux effets de commerce reçus.

Opération : L'acceptation d'une lettre de change en règlement d'une dette à une échéance fixée	Appréciation	Journaux ouverts			
		Achats AC	Ventes VE	Trésorerie TR	Opérations diverses OD
Concerne-t-elle un achat de biens ou de services ?	Oui ❒ Non ■				
Concerne-t-elle une vente de biens ou de services ?	Oui ❒ Non ■				
Concerne-t-elle une dépense ou une recette ?	Oui ❒ Non ■				
Les trois classements précédents sont négatifs.	Oui ■ Non ❒				*Oui*

► **Précomptabilisez** les effets reçus des fournisseurs.

Bordereau de saisie — **Folio n° 36**

Code du journal : *OD*

Période de mai

Date	N° Pièce	Libellé	N° compte	Intitulé abrégé	Débit	Crédit
10/05	*324*	*Lettre de change*	*401172*	*Fr. Louhert*	*7 562,00*	
10/05	*324*	*Lettre de change*	*403000*	*Fr. effets à payer*		*7 562,00*
21/05	*418*	*Lettre de change*	*401292*	*Fr. Sauvet*	*1 845,00*	
21/05	*418*	*Lettre de change*	*403000*	*Fr. effets à payer*		*1 845,00*
.../...						
.../...						
				Vérification	*9 407,00*	*9 407,00*

► **Précomptabilisez** l'opération sur le bordereau de saisie.

Bordereau de saisie Code du journal : *TR*						Folio n° 42 Période de juin
Date	**N° Pièce**	**Libellé**	**N° compte**	**Intitulé abrégé**	**Débit**	**Crédit**
30/05	*234*	*Lettre de change*	*4 0 3 0 0 0*	*Effets à payer*	*7 562,00*	
30/05	*234*	*Lettre de change*	*5 1 2 0 0 0*	*Banque*		*7 562,00*
30/05	*418*	*Lettre de change*	*4 0 3 0 0 0*	*Effets à payer*	*1 845,00*	
30/05	*418*	*Lettre de change*	*5 1 2 0 0 0*	*Banque*		*1 845,00*
.../...						
.../...						
				Vérification	*9 407 00*	*9 407 00*

3. La lettre de change papier : fournisseurs d'immobilisations

► **Mettez à jour** l'échéancier, les effets sont honorés, **barrez** les effets qui sont échus et payés à la date de la mise à jour.

N° Effet	Raison sociale Tireur	Ville	Date échéance	Mai		Juin	
				1-15	16-31	1-15	16-30
136	Jean Pottin	Paris	15 mai	1 895,50			
268	Levasseur	Lille	20 mai		750,00		
310	Martin et Cie	Sète	15 juin			940,00	
324	Sté Loubert	Belfort	30 juin				7 562,00
418	Éts Sauvet	Chaumont	30 juin				1 845,00
624	*Inforestel*	*Melun*	*25 juin*				*3 275,00*

► **Précomptabilisez** les lettres de change de juin sur le bordereau de saisie.

Bordereau de saisie Code du journal :						Folio n° 37 Période de juin
Date	**N° Pièce**	**Libellé**	**N° compte**	**Intitulé abrégé**	**Débit**	**Crédit**
25/06	*624*	*Lettre de change*	*4 0 4 0 0 0*	*Fr. d'immo.*	*3 275,00*	
25/06	*624*	*Lettre de change*	*4 0 4 0 0 0*	*Fr. immo. E à P.*		*3 275,00*
.../...						
.../...						
				Vérification	*3 275 00*	*3 275 00*

Entraînement

► **Rédigez** le chèque.

Date : *26/10/--* Ordre : *Polix* N° 1601265

Objet : *fait n° 5428 du 24.10* Montant : *3 932,99*

CRÉDIT AGRICOLE Caisse régionale € *3 932,99*

Payez contre ce chèque non endossable *trois mille neuf cent trente-deux euros et 99 cts*

A *Société Polix de Bourges*

Sancerre Le *24/10/--*

Compensable à Bourges
Payable à Sancerre

Maison THEILLIEZ
24 rue du blanc
18300 Sancerre

Theilliez

N° compte 0020106452 72
N° chèque 1601265

► **Complétez** la lettre de change reçue à l'acceptation.

PROLIX SA
24, rue de l'Église
18000 BOURGES

Contre cette LETTRE DE CHANGE
stipulée SANS FRAIS
veuillez payer la somme indiquée
ci-dessous à l'ordre de : *Prolix SA*

N° 1024

A *Bourges* LE ▼ EUR

MONTANT POUR CONTRÔLE	DATE DE CRÉATION	ÉCHÉANCE	Ref tiré	MONTANT
15 000,00	*24/10/20..*	*15/12/20..*		*15 000,00*

R.I.B. DU TIRÉ

code établ.	code guichet	N° de compte	clé RIB
21457	*12486*	*7894562145*	*69*

DOMICILIATION : *BNP Sancerre*

ACCEPTATION OU AVAL
Acceptée le 26/10/20..
Theilliez

NOM et ADRESSE du TIRÉ : *MAISON THEILLIEZ, 24 rue du Cher, 18300 Sancerre*

signature du tireur : *Prolix*

N° SIREN du TIRÉ *569 214 365*

Ne rien inscrire au-dessous de cette ligne ▼

► **Précomptabilisez** sur les bordereaux de saisie.

Bordereau de saisie

Journal AC ACHATS **Société n° 1** Theilliez

Date	N° Pièce	Libellé	N° compte	Intitulé abrégé	Débit	Crédit
24/10	*109*	*Facture Polix SA*	*607000*	*Achats marchandises*	*15 580,20*	
24/10	*109*	*Facture Polix SA*	*624000*	*Transport*	*250,06*	
24/10	*109*	*Facture Polix SA*	*445660*	*TVA déductible ABS*	*3 102,73*	
24/10	*109*	*Facture Polix SA*	*401042*	*Fournisseur Polix*		*18 932,99*
				Vérification	*18 932,99*	*18 932,99*

Bordereau de saisie

Journal BQ BANQUE — **Société n° 1** Theilliez

Date	N° Pièce	Libellé	N° compte	Intitulé abrégé	Débit		Crédit	
24/10	*6452*	*Chèque fournisseur Polix*	*4 0 1 1 0 4 2*	*Fournisseur Polix*	*3 932*	*99*		
24/10	*6452*	*Chèque fournisseur Polix*	*5 1 2 2 0 0*	*Crédit Agricole*			*3 932*	*99*
.../...	....	....		....				
				Vérification	*3 932*	*99*	*3 932*	*99*

Bordereau de saisie

Journal OD OPÉRATIONS DIVERSES — **Société n° 1** Theilliez

Date	N° Pièce	Libellé	N° compte	Intitulé abrégé	Débit		Crédit	
24/10	*1024*	*Traite fournisseur Félix*	*4 0 3 0 0 0 0*	*Fr. effets à payer*	*15 000*	*00*		
24/10	*1024*	*Traite fournisseur Félix*	*4 0 1 1 0 4 2*	*Fournisseur Polix*			*15 000*	*00*
.../...	....	....		....				
				Vérification	*15 000*	*00*	*15 000*	*00*

Résumer

Réorganisez dans l'ordre chronologique les opérations suivantes concernant des biens et services.

Opérations	N° d'ordre des opérations	Que fait l'entreprise ?	L'opération est-elle enregistrée en comptabilité ?	N° des principaux comptes utilisés
Commande au fournisseur	*3*	*s'engage à acheter*	*NON*	
Réception d'une traite à l'acceptation	*5*	*accepte le mode de paiement*	*NON*	
Avis de débit de la banque des domiciliations échues	*8*	*avisée du paiement de l'effet*	*OUI*	*403 - 512*
Appels d'offres passés aux fournisseurs	*1*	*recherche un fournisseur*	*NON*	
Réception de la facture	*4*	*vérifie avec le bon de livraison*	*OUI*	*607 - 44566 - 401*
Avis de domiciliation déposé à la banque	*7*	*avise la banque*	*NON*	
Réception de la facture pro forma	*2*	*prend connaissance du prix*	*NON*	
Retour de la traite accepté	*6*	*accepte l'effet*	*OUI*	*401 - 403*

Comparez ces modes de paiement et complétez les informations demandées.

Mode de paiement	Nom « technique » des personnes (physiques ou morales) concernées			Quand le paiement est-il effectué ?	Quand le compte doit-il être approvisionné ?
	Celle qui crée le document	Celle qui paye	Celle qui encaisse		
Lettre de change	*Tireur*	*Tiré*	*Bénéficiaire*	*à l'échéance*	*à l'échéance*
Billet à ordre	*Souscripteur*	*Souscripteur*	*Bénéficiaire*	*à l'échéance*	*à l'échéance*
Chèque bancaire ou postal	*Titulaire du compte*	*Titulaire du compte*	*Bénéficiaire*	*au comptant*	*à la création*

Les effets à payer magnétiques LCR

16 COMPTABILITÉ **15** SECRÉTARIAT

Les points forts de la leçon

Cette leçon met en évidence les procédures comptables et financières des entreprises qui pratiquent, pour leur grande majorité, les règlements par LCR magnétiques.
Un effort tout particulier est apporté pour rendre compréhensible cette leçon, les notions sont nouvelles pour les élèves, l'aspect dématérialisé du document et l'absence de compte effets à payer doivent être mis en évidence et abordés simplement.

Le plus du professeur

Dans les chapitres précédents il était fait conseil de s'adresser à la Banque de France pour obtenir de la documentation.

Découverte

1. Le principe d'enregistrement de la LCR (lettre de change relevé)

EFFET DE COMMERCE MAGNÉTIQUE ou LETTRE DE CHANGE RELEVÉ
Ces expressions désignent le même document.

► **Enregistrez** dans les comptes en T et **répondez** aux questions.

La situation	Le principe	La conséquence comptable
La création de l'effet	Le compte **EFFETS À PAYER** ne peut être utilisé car il n'y a pas de document papier. L'article 110 du Code de commerce exclut tout effet **« dématérialisé »**.	40 .... Fournisseur ...... — Débit : / Crédit : 1 000,00 La dette reste dans le compte du fournisseur. Pas d'enregistrement dans le compte effets à payer.
Le paiement de l'effet à l'échéance	La banque avise qu'un effet LCR, autorisé par le **bon à payer**, a été payé à l'échéance.	40 .... Fournisseur .... — Débit : *1 000,00* / Crédit : 1 000,00 512 Banque ou 514 CCP — Débit : / Crédit : *1 000,00* Après enregistrement dans les comptes, quel constat faites-vous pour le compte du fournisseur ? *Il est soldé.*

2. La lettre de change relevé magnétique LCR

PAS DE COMPTE EFFETS À PAYER

► **Analysez** les documents et **reportez** les opérations dans les comptes du grand-livre.

SOCIÉTÉ SALVENET — **Facture n° 896**
52 rue Lortilloir
60300 SENLIS

Menuiserie industrielle LEFEBVRE
60000 Beauvais

Le 26 février
Échéance au 30 avril

Désignation	Montant
Chênes français grande coupe	45 981,27
TVA 19,60 %	9 012,33
Montant Net € TTC	54 993,60

Règlement : Notre facture est payable en notre traite qui sera présentée à l'échéance indiquée. À bonne fin veuillez aviser votre banque en temps utile.
Inscription sur Effet LCR magnétique

Vous repérerez ces opérations dans les comptes en T par la lettre A.

Indiquez le(s) compte(s) (n^{os} et noms)

- qui constatent l'**emploi**

601000 ... *Achats matières premières*

445660 ... *TVA déductible sur ABS*

- qui constate la **ressource**

401286 ... *Fournisseur Salvenet*

Précisez la date d'échéance du règlement :

Au 30 avril

Menuiserie LEFEBVRE — Beauvais le 25 avril
60000 BEAUVAIS

Monsieur le Directeur
Société Générale

Objet :
Effet domicilié

Monsieur le Directeur
Je vous avise que l'effet de la Société SALVANET doit être présenté à l'échéance du 30/04.

Nom de ce document : *Avis de domiciliation*

Il peut être fait sur « papier libre » ou sur un document spécialisé émis par la banque.

Rôle de ce document : *Aviser le banquier du paiement d'un effet à l'échéance*

S'enregistre-t-il en comptabilité OUI ❒ NON ■

SOCIÉTÉ GÉNÉRALE
Avis n° 258 en date du 30/04 — Valeur en euros
RELEVÉ DE LETTRE DE CHANGE

N° ordre	TIREUR	Échéance	Montant	Refus
568258	Salvanet	30/04	54 993,60	
			Total relevé	Refus
Titulaire compte 0012547			54 993,60	
Monsieur Lefebvre			Bon à payer	
60000 Beauvais				

Vous repérerez ces opérations dans les comptes en T par la lettre B.

Indiquez le compte (n° et nom)

- qui constate l'**emploi**

401286 ... *Fournisseur Salvenet*

- qui constate la **ressource**

512000 ... *Banque*

Analyse — Opérations	Constatent : La naissance de la dette	L'engagement de payer à une échéance	Le paiement de la dette à l'échéance
Les opérations signalées par la lettre A	■	❒	❒
Les opérations signalées par la lettre B	❒	■	■

Grand livre

601000 (débit)	(crédit)
A. 45 981,27	

445660 (débit)	(crédit)
A. 9 012,33	

401286 (débit)	(crédit)
B. 54 993,60	*54 993,60 A.*

512000 (débit)	(crédit)
	54 993,60 B.

► **Complétez** le tableau présenté par M. Lefebvre.

Date de création de la dette	Échéance	Date d'échéance	Nombre de jours de délai de paiement
3 mai	à 30 jours	*3 juin*	*30 jours*
3 mai	à 30 jours fin de mois	*30 juin*	*60 jours*
3 mai	à 30 jours le 15	*15 juin*	*43 jours*
16 mai	à 30 jours	*16 juin*	*30 jours*
16 mai	à 30 jours fin de mois	*30 juin*	*45 jours*
16 mai	à 30 jours le 15	*15 juillet*	*60 jours*

Quel constat faites-vous ?

Suivant la date de création et la limite d'échéance (fin de mois ou le 15) la date d'échéance peut passer du simple au double.

Application

1. Principe d'enregistrement de la LCR (lettre de change relevé)

Rappel : Dans une lettre de change papier :

– qui est le tireur dans le cadre de la comptabilité ? *Le fournisseur*

– qui est le bénéficiaire ? *Le fournisseur*

– qui est le tiré ? *Le client*

Dans une lettre de change relevé :

– qui est le tireur dans le cadre de la comptabilité ? *Le fournisseur*

– qui est le bénéficiaire ? *Le fournisseur*

– qui est le tiré ? *Le client*

2. La lettre de change relevé magnétique LCR

► **Précomptabilisez** le document sur bordereau de saisie.

Bordereau de saisie — **Folio n° 29**

Code du journal : *TR* — Période de avril

Date	N° Pièce	Libellé	N° compte	Intitulé abrégé	Débit	Crédit
04/04	*0304*	*Relevé LCR*	*4 0 1 3 1 2*	*Fr. Turenne*	*7 647,24*	
04/04	*0304*	*"*	*5 1 2 0 0 0*	*Crédit du Nord*		*7 647,24*
…/…						
…/…						
				Vérification		

Entraînement

Bordereau de saisie						Folio n° 18 Période de juin
Date	**N° Pièce**	**Libellé**	**N° compte**	**Intitulé abrégé**	**Débit**	**Crédit**
06/06	217	Traite Lemaire	4011164	Fr. Lemaire	3 670,00	
06/06	217	"	4030000	Effets à payer		3 670,00
10/06	533	Relevé LCR	4011212	Fr. Noulina	2 890,00	
10/06	533	"	4011306	Fr. Trouvez	3 475,00	
10/06	533	"	5120000	Crédit du Nord		6 365,00
.../...						
				Vérification	10 035,00	10 035,00

Résumer

Réorganisez dans l'ordre chronologique les opérations suivantes qui concernent des biens et services.

Opérations	N° d'ordre des opérations	Que fait l'entreprise ?	L'opération est-elle enregistrée en comptabilité ?	N° des principaux comptes utilisés
Relevé de factures	4	Vérifie le CA de la période	Non	
Avis de domiciliation	5	Avise la banque du paiement par LCR	Non	
Bon de livraison	2	Vérifie avec le double bon de commande	Non	
Avis de relevé de LCR Bon à payer	6	Vérifie les montants et accepte le paiement	Oui	401-512
Commande au fournisseur	1	Accepte les conditions de vente	Non	
Mise à jour de l'échéancier	3	Inscription de l'effet dans l'échéancier	Non	
Réception de la facture et du paiement par LCR	2	Vérifie avec le bon de livraison	Oui	607 44566 401

Les effets à recevoir papier

17 COMPTABILITÉ **16** SECRÉTARIAT

Les points forts de la leçon

Cette étude enregistre les opérations des effets à recevoir selon le même principe que la leçon sur les effets à payer.
1) Les points forts de la leçon, ce qu'il faut mettre en évidence : la même logique est mise en œuvre, si les élèves connaissent bien les documents, il est plus facile pour eux d'appréhender la logique comptable.
2) Le cours met toujours en évidence les deux possibilités (encaissement et escompte) afin que l'élève mémorise bien la différence et reconnaisse les comptes à employer dans chaque cas.

Le plus du professeur

Il doit mettre l'accent sur la différence entre les deux possibilités (encaissement et escompte), afin que l'élève comprenne pourquoi certains comptes sont utilisés dans un cas et pas dans l'autre.
Le regard sur la vie active, l'usage dans la vie professionnelle : l'élève fait son entraînement sur des documents réels et variés.
Le professeur peut personnaliser cette leçon. Le chapitre est une trame de base, rien n'empêche les maîtres de reformuler ou réexpliquer des notions de base qui n'auraient pas été acquises.

Découverte

1. Le principe d'enregistrement de la LCC (lettre de change classique)

EFFET DE COMMERCE ou LETTRE DE CHANGE ou TRAITE
Ces expressions désignent le même document.

► **Enregistrez** dans les comptes en T et **répondez** aux questions.

La situation	Le principe	La conséquence comptable	
La constatation de la créance	L'envoi d'une facture au client crée une créance sur le client.	41 … Client …… Débit : 1 000,00	… Comptes divers
La réception de l'effet accepté par le client	La créance sur le client est remplacée par un engagement de paiement à une échéance donnée.	41 … Client …… Débit : 1 000,00 / Crédit : **1 000,00**	**413 EFFETS À RECEVOIR** Débit : **1 000,00**

Pour disposer des fonds deux procédures sont possibles.

1. Recevoir les fonds À l'échéance	1. L'effet est **remis** à la banque pour **être encaissé**, quelques jours avant l'échéance. 2. **L'effet est encaissé** à l'échéance. (Dans cet exemple il n'est pas tenu compte des frais bancaires.)	413 EFFETS À RECEVOIR : ... 1 000,00 | *1.000,00* **5113 Effets remis à l'encaissement** : *1.000,00* | *1.000,00* 512 Banque : *1.000,00* | .... Quel constat faites-vous pour les comptes Effets à recevoir et Effets remis à l'encaissement ? .*Soldés*....................
2. Recevoir les fonds AVANT l'échéance	1. L'effet est **remis** à la banque pour **être escompté** (vendu à la banque). 2. **L'effet est négocié**, la banque paie l'effet et vire les fonds sur le compte courant du bénéficiaire. (Dans cet exemple il n'est pas tenu compte des frais bancaires.)	413 EFFETS À RECEVOIR : ... 1 000,00 | *1.000,00* **5114 Effets remis à l'escompte** : *1.000,00* | *1.000,00* 512 Banque : *1.000,00* | .... Quel constat faites-vous pour les comptes Effets à recevoir et Effets remis à l'escompte ? .*Soldés*.......................... *La banque retient des agios*............................

2. La lettre de change papier LCC : effets remis à l'encaissement

► **Analysez** les documents et **reportez** les opérations dans les comptes du grand livre.

Sté METALFORME — 59140 DUNKERQUE

Double facture n° 588 — Cie BENARD, 53000 LAVAL

Le 9 avril _ _

Désignation	Montant
800 cornières réf. 53T	38 317,72
TVA 19,60 %	7 510,28
Montant Net € TTC	45 828,00

Règlement : à 30 jours fin de mois par acceptation d'une lettre de change

Vous repérerez ces opérations dans les comptes en T par la lettre A.

Indiquez le compte (n° et nom)

- qui constate l'**emploi**

..*411033*. *Client Bernard*...

Indiquez les comptes (n^{os} et noms)

- qui constatent la **ressource**

..*707000*. *Ventes de marchandises*...................................

..*445710*. *TVA collectée*...

Précisez la date d'échéance du règlement :

30 mai...

Effet retourné accepté et signé

Sté MÉTALFORME 59140 Dunkerque	**Lettre de change**	Valeur en euros
création	échéance	montant
9/04/_ _	....	45 828.00
Acceptée	Domicilié : BNP	*(signature)*
Le 11/04/_ _	Tiré Benard	
Benard	53000 Laval	N° 231

Vous repérerez ces opérations dans les comptes en T par la lettre B.

Indiquez le compte (n° et compte)

- qui constate l'**emploi**

.*413000*. *Effets à recevoir*...

- qui constate la **ressource**

.*411033*. *Client Bernard*..

Crédit Lyonnais — Valeur en euros

Remise date du 26/05

Bordereau d'effets remis à l'encaissement

N° effet	Tiré	Dom.	Échéance	Valeur Nominale
231	Benard	BNP Laval	30 mai	45 828
			Total remise	45 828

Titulaire du compte 0014787
Sté Métalforme
59140 Dunkerque

Vous repérerez ces opérations dans les comptes en T par la lettre C.

Indiquez le compte (n° et compte)

- qui constate l'**emploi**

..*511300*. *Effets remis à l'encaissement*...........................

- qui constate la **ressource**

..*413000*. *Effets à recevoir*..

► Avant d'indiquer les n^os et noms des comptes, **répondez** aux questions sur le grand livre.

Crédit Lyonnais		**Avis de crédit**	
Avis n°632 en date du 31/05		Valeur en euros	
Effets remis à l'encaissement			
Libellé	Date opération	Date de valeur	Valeur Nominale
1 Effet	30/05	31/05	45 828,00
		Total à votre crédit	45 828,00
		Commission d'opération taxable	36,00
		TVA 19,60 %	7,06
		Total à votre débit valeur 31/05	43,06
Titulaire du compte 0014787 Sté Métalforme 59140 Dunkerque			

Vous repérerez ces opérations dans les comptes en T par la lettre D.

Indiquez les comptes

→ Relatifs au nominal des effets

- qui constate l'**emploi**

512000 *Banque*

- qui constate la **ressource**

511300 *Effets remis à l'encaissement*

→ Relatifs aux agios

- qui constatent l'**emploi**

627000 *Services bancaires*

445660 *TVA déductible sur ABS*

- qui constate la **ressource**

512 *Banque*

Grand livre : dans quel compte mettre la commission bancaire ?

1. Pour l'entreprise s'agit-il d'une charge ■ d'un produit ❐ ?
2. La commission constate-t-elle un service ■ des intérêts calculés en fonction des jours ❐ ?
3. Supporte-t-elle la TVA ? oui ■ non ❐, pour l'entreprise est-ce une TVA déductible ■ collectée ❐ ?

Analyse	Constatent			
Opérations	Naissance de la créance	Engagement de payer à l'échéance	Effet remis à la banque	Paiement de l'effet à l'échéance
Les opérations signalées par la lettre A	■	❐	❐	❐
Les opérations signalées par la lettre B	❐	■	❐	❐
Les opérations signalées par la lettre C	❐	❐	■	❐
Les opérations signalées par la lettre D	❐	❐	❐	■

Compte	Débit	Crédit
411033	*A 45 828*	*45 828 B*
707000		*38 317,72 A*
445710		*7 510,28 A*
627	*D 36*	
413000	*B 45 828*	*45 828 C*
511300	*C 45 828*	*45 828 D*
512000	*D 45 828*	*43,06 D*
445660	*D 7,06*	

3. La lettre de change papier LCC : effets remis à l'escompte

Sté METALFORME 59140 DUNKERQUE	**Double facture n° 602** **Sté VIONET** **50100 Cherbourg**
Le 10 avril _ _	
Désignation	**Montant**
4 portiques 12 tonnes	62 518,39
TVA 19,60 %	12 253,61
Montant Net € TTC	**74 772,00**
Règlement : à 60 jours de date par acceptation d'une lettre de change	

Vous repérerez ces opérations dans les comptes en T par la lettre A.

Indiquez le compte (n° et compte)

- qui constate l'**emploi**

411332 *Client Vionet*

Indiquez les comptes (n^os et noms)

- qui constatent la **ressource**

707000 *Ventes de marchandises*

44571 *TVA collectée*

Précisez la date d'échéance du règlement :

10 juillet

Effet retourné accepté et signé

Sté MÉTALFORME 59140 Dunkerque	**Lettre de change** Valeur en euros	
création	échéance	montant
10/04/..	....*10/07*....	74 772
Acceptée Le 12/04/..	Domicilié : C.A. Tiré Vionet	*Jubosque*
Vionet	50100 Cherbourg	N° 232

Vous repérerez ces opérations dans les comptes en T par la lettre B.

Indiquez le compte (n° et compte)

- qui constate l'**emploi**

..*413000* .*Effets à recevoir*...

- qui constate la **ressource**

..*411332* .*Client Vionet*...

Crédit Lyonnais Valeur en euros
Remise date du 20/04
Bordereau d'effets remis à l'escompte

N° effet	Tiré	Dom.	Échéance	Valeur Nominale
232	Vionet	Crédit Agr.	...*10/07*..	74 772
			Total remise	74 772

Titulaire du compte 0014787
Sté Métalforme
59140 Dunkerque

Vous repérerez ces opérations dans les comptes en T par la lettre C.

Indiquez le compte (n° et compte)

- qui constate l'**emploi**

..*511400* .*Effets à l'escompte*...

- qui constate la **ressource**

..*413000* .*Effets à recevoir*...

► Avant d'indiquer les n^os^ et noms des comptes, **répondez** aux questions sur le grand livre.

Crédit Lyonnais **Avis de crédit**
Avis n°652 en date du 22/04 Valeur en euros
Effets remis à l'escompte

Libellé	Date opération	Date de valeur	Valeur Nominale
1 Effet	22/04	24/04	74 772,00
		Total à votre crédit	74 772,00
		Escompte	2 990,88
		Commission d'endos	59,82
		Commission de manipulation	3,50
		TVA 19,60 %	0,69
		Total à votre débit valeur 22/04	3 054,89

Titulaire du compte 0014787
Sté Métalforme
59140 Dunkerque

Vous repérerez ces opérations dans les comptes en T par la lettre D.

Indiquez le(s) compte(s)

→ Relatifs au nominal des effets

- qui constate l'**emploi**

512000 *Banque*...

- qui constate la **ressource**

511400 *Effets à l'escompte*...

→ Relatifs aux agios

- qui constatent l'**emploi**

627...... *Services bancaires*...

66100.. *Charges d'intérêt*...

44566.. *TVA déductible sur ABS*...

- qui constate la **ressource**

512000 *Banque*...

grand livre : dans quels comptes mettre les agios bancaires ?

Agios	Rémunère un service	Représente des intérêts	Supporte la TVA
Escompte	❒	■	❒
Commission d'endos	■	❒	❒
Commission de manipulation	■	❒	■
Compte à utiliser	...........*627*......... .*Services bancaires*.	...........*661*.......... ..*Charges d'intérêt*.	.........*445660*........ ....*TVA déductible*...

Analyse	Constatent			
Opérations	Naissance de la créance	Engagement de payer à l'échéance	Effet remis à la banque	La banque avance les fonds
Les opérations signalées par la lettre A	■	❐	❐	❐
Les opérations signalées par la lettre B	❐	■	❐	❐
Les opérations signalées par la lettre C	❐	❐	■	❐
Les opérations signalées par la lettre D	❐	❐	❐	■

	411332		
A	*74 772*	*74 772*	*B*

	707000		
		62 518,39	*A*

	445710		
		12 253,61	*A*

	445660		
D_2	*0,69*		

	413000		
B	*74 772*	*74 772*	*C*

	511400		
C	*74 772*	*74 772*	D_1

	512		
D_1	*74 772*	*3 054,89*	D_2

	627		
D_2	*59,82*		
D_2	*3,50*		

	661		
D_2	*2 990,88*		

Application

1. La lettre de change papier LCC : effets remis à l'encaissement

► **Recherchez** le code du journal par nature d'opération.

Opérations : Effets retournés acceptés. Effets remis à l'encaissement avant l'échéance	Appréciation	Journaux ouverts			
		Achats AC	Ventes VE	Trésorerie TR	Opérations diverses OD
Concernent un achat de biens ou de services ?	Oui ❐ Non ☒				
Concernent une vente de biens ou de services ?	Oui ❐ Non ☒				
Concernent une dépense ou une recette ?	Oui ❐ Non ☒				
Les trois classements précédents sont négatifs.	Oui ☒ Non ❐				*Oui*

Opération : Effets encaissés par la banque à l'échéance	Appréciation	Journaux ouverts			
		Achats AC	Ventes VE	Trésorerie TR	Opérations diverses OD
Concerne un achat de biens ou de services ?	Oui ❐ Non ☒				
Concerne une vente de biens ou de services ?	Oui ❐ Non ☒				
Concerne une dépense ou une recette ?	Oui ☒ Non ❐			*Oui*	
Les trois classements précédents sont négatifs	Oui ❐ Non ☒				

► **Précomptabilisez** les opérations sur les bordereaux de saisie.

Bordereau de saisie — **Folio n° 18**

Code du journal : TR — Exercice comptable du 01/01 au 31/12

Date	N° Pièce	Libellé	N° compte	Intitulé abrégé	Débit	Crédit
27/02	135	Effet encaissé	5112000	Banque	23 382,60	
27/02	135	Effet encaissé	5111300	Effet encaissement		23 382,60
27/02	135	Effet encaissé	6270000	Services bancaires	8,50	
27/02	135	Effet encaissé	4456610	TVA déductible	1,67	
27/02	135	Effet encaissé	5112000	Banque		10,17
				Vérification	23 392,77	23 392,77

Bordereau de saisie — **Folio n° 21**

Code du journal : OD — Exercice comptable du 01/01 au 31/12

Date	N° Pièce	Libellé	N° compte	Intitulé abrégé	Débit	Crédit
11/01		Effets acceptés	4130000	Effets à recevoir	23 382,60	
11/01	112	Effets acceptés	4111236	Clt Permec		8 565,54
11/01	113	Effets acceptés	4111289	Clt Sélève		6 239,50
11/01	114	Effets acceptés	4111266	Clt Rotorsol		2 152,00
11/01	115	Effets acceptés	4111047	Clt Cap. Porlain		1 845,56
11/01	116	Effets acceptés	4111228	Clt Oling France		4 580,00
24/02	134	Effets remis encais.	5111300	Effets encaissement	23 382,60	
24/02	134		4130000	Effets à recevoir		23 382,60
				Vérification		

2. La lettre de change papier LCC : effets remis à l'escompte

► **Entrez** cet effet en portefeuille.

N° de l'effet	Date d'entrée	Nom du tiré	Domiciliation	Valeur nominale	Date d'échéance	Date de sortie
21552	05/01/--	Sté Lompret	BNP Paribas	14 582,00	15/02/--	12/02/--
21553	10/01/--	Gontran et fils	Société Générale	4 756,00	30/03/--	
21554	15/01/--	Sté raffinerie Est	Banque Populaire	3 865,00	15/02/--	12/02/--
21555	20/02/--	Marbelin	Crédit agricole	31 500,00	24/05/--	

Bordereau de saisie — **Folio n° 32**

Mois : Février — Exercice comptable du 01/01 au 31/12

Date	N° Pièce	Journal	Libellé	N° compte	Intitulé abrégé	Débit	Crédit
20	21555	OD	Effets Clt	4130000	Effets à recevoir	31 500,00	
20	21555	OD		4110023	Clt Harbelin		31 500,00
25	78	OD	Bord. remise	5114000	Effets escompte	31 500,00	
25	78	OD	Bord. remise	4130000	Effets recevoir		31 500,00
28	79	TR	Avis crédit	5120000	Banque	31 500,00	
28	79	TR	Avis crédit	5114000	Effets escompte		31 500,00
28	79	TR	Avis crédit	6270000	Services bancaires	2,00	
28	79	TR	Avis crédit	6610000	Ch. d'intérêt	383,91	
28	79	TR	Avis crédit	4456610	TVA déductible	0,39	
28	79	TR	Avis crédit	5120000	Banque		386,30
					Vérification		

Entraînement

▶ **Précomptabilisez** les opérations sur le bordereau de saisie. L'entreprise utilise les comptes du plan comptable général. Le format des comptes est de 6 chiffres.

▶ **Retrouvez le total des effets :**

– montant des valeurs nominales : *11 614,00*

– montant des commissions taxables : *5,40*

– montant de la TVA à 19,60 % : *5,40 × 19,6 % = 1,06*

Bordereau de saisie — **Folio n° 47**

Mois : Mars

Date	N° Pièce	Journal	Libellé	N° compte	Intitulé abrégé	Débit	Crédit
31	*612*	*BQ*	*Avis encaisse*	*512000*	*Crédit du Nord*	*11 614,00*	
31	*612*	*BQ*	*Avis encaisse*	*511300*	*Effet en caisse*		*11 614,00*
31	*612*	*BQ*	*Avis encaisse*	*627000*	*Services banque*	*5,40*	
31	*612*	*BQ*	*Avis encaisse*	*445660*	*TVA déductible ABS*	*1,06*	
31	*612*	*BQ*	*Avis encaisse*	*512000*	*Crédit du Nord*		*6,46*
					Vérification		

Résumer

Vous disposez d'informations concernant des opérations, replacez les montants dans les bons comptes, repérez ces opérations par un lettrage.

Un effet a été remis à l'encaissement, puis encaissé à l'échéance.

1. Création d'un effet : 10 000,00 €
2. Remise de l'effet à l'encaissement
3. Reçu l'avis de crédit :
   - Nominal de l'effet en compte 10 000,00 €
   - Commission : 10,00 €
   - TVA sur commission : 1,96 €

411... Client.........

	10 000,00	*10 000,00*	*A*

413.........*Effets à recevoir*.............

A	*10 000,00*	*10 000,00*	*B*

5113 *Effets remis à l'encaissement*........

B	*10 000,00*	*10 000,00*	*C_1*

627........*Services bancaires*............

C_2	*10,00*		

44566..*TVA déductible sur ABS*.........

C_2	*1,96*		

512............*Banque*..................

C_1	*10 000,00*	*11,96*	*C_2*

Un effet a été remis à l'escompte et escompté.

1. Création d'un effet : 20 000,00 €
2. Remise de l'effet à l'escompte
3. Reçu l'avis de crédit suivant :
   - Nominal de l'effet en compte 20 000,00 €
   - Escompte : 500,00 €
   - Commission : 12,00 €
   - TVA sur commission : 2,35 €

411..... Client.........

	20 000,00	*20 000,00*	*A*

413........*Effets à recevoir*.............

A	*20 000,00*	*20 000,00*	*B*

5114......*Effets à l'escompte*............

B	*20 000,00*	*20 000,00*	*C_1*

661........*Charges d'intérêts*............

C_2	*500,00*		

627........*Services bancaires*............

C_2	*12,00*		

44566..*TVA déductible sur ABS*.........

C_2	*2,35*		

512............*Banque*..................

C_1	*20 000,00*	*514,35*	*C_2*

Les effets à recevoir magnétiques LCR

18 COMPTABLE — **17** SECRÉTAIRE

Les points forts de la leçon

La présentation pédagogique de la leçon respecte la même organisation que celle présentée dans les « effets à recevoir papier », ceci doit permettre au professeur de faire une comparaison entre les deux organisations. L'élève ne doit pas être déconcerté, il doit comprendre que le principe général est le même, que la différence comptable provient du changement dans la nature même de la situation et par conséquent de l'émission du document.

Le plus du professeur

La pédagogie à suivre et l'étude relative au changement dans la nature du document sont les mêmes que pour les effets à payer LCR. Le professeur insistera ici davantage sur la partie de la leçon : Recevoir les fonds avant l'échéance. Bien expliquer la signification comptable de « l'avance » sur concours bancaires, montrer que la banque agit avec son client comme pour une demande d'avance de fonds garantie par le paiement de l'effet à l'échéance.

Découverte

1. Le principe d'enregistrement de la LCR (lettre de change relevé)

LETTRE DE CHANGE RELEVÉ

▶ **Enregistrez** dans les comptes en T et **répondez** aux questions.

Pour disposer des fonds deux procédures sont possibles.

1. Recevoir les fonds À l'échéance	1. La banque du tireur avise que des effets seront **remis à l'encaissement** à une date prochaine (échéance). 2. **L'effet est payé** à l'échéance. (Dans cet exemple il n'est pas tenu compte des frais bancaires.)	PAS DE COMPTE **411 .... Client ......** : 1 000,00 | **1 000,00** **512 Banque** : **1, 000,00** | .... Quel constat faites-vous pour le compte du client ? ....*Il est soldé*................
2. Recevoir les fonds AVANT l'échéance	1. L'effet est **enregistré** à la banque sur support magnétique, elle dispose ainsi de la domiciliation du tiré. 2. **L'effet est négocié** : la banque fait l'avance des fonds d'un montant au plus égal à celui de la LCR et les vire sur le compte du bénéficiaire. (Dans cet exemple il n'est pas tenu compte des frais bancaires.)	**411 .... Client ......** : 1 000,00 | **1 000,00** **519 Concours bancaires courants** : **1 000,00** | 519 Concours bancaires courants : 1 000,00 | **1 000,00** 512 Banque : **1 000,00** | .... La valeur de la LCR sert de garantie en cas de non-remboursement de l'avance.

Faire constater que le compte 519 Concours bancaires courants sert de compte de liaison, il est soldé lors du virement dans le compte « banque » de l'entreprise.

2. La lettre de change relevé magnétique (LCR) : Effets remis à l'encaissement

PAS DE COMPTE EFFETS À RECEVOIR

► **Analysez** les documents et **reportez** les opérations dans les comptes du grand livre.

Sté METALFORME Double facture n° 588
59140 DUNKERQUE
Jean Wallet
59300 Valenciennes

Le 12 avril ----
Échéance au 15 juin ----

Désignation	Montant
42 Poutres H 45x89 P789	25 864,46
TVA 19,60 %	5 069,44
Montant Net € TTC	30 933,90

Règlement : Notre facture est payable en notre traite qui sera présentée à l'échéance indiquée. À bonne fin veuillez aviser votre banque en temps utile

Vous repérerez ces opérations dans les comptes en T par la lettre A.

Indiquez le compte (n° et nom)

- qui constate l'**emploi**

411348........ *Client Wallet*..

Indiquez les comptes (n^{os} et noms)

- qui constatent la **ressource**

707000........ *Ventes de marchandises*........................

445710........ *TVA collectée*..

Précisez la date d'échéance du règlement :

15 juin..

Crédit Lyonnais Valeur en euros
Avis n° 431 en date du 15/06/- -
REMISE LCR À L'ENCAISSEMENT

Code opération	Effet nom du tiré	Date opération	Date valeur	Montant à votre crédit
Dom	Wallet	15/06	17/06	30 933,90
			Total remise	30 933,90
Frais encaissement		TVA 19,60 %		
15,00		2,94		
			Total agios + taxe	17,94

Titulaire du compte 0014787
Sté MÉTALFORME
59140 DUNKERQUE

Vous repérerez ces opérations dans les comptes en T par la lettre B.

Indiquez les comptes en deux opérations

→ Relatifs au nominal de la LCR

- qui constate l'**emploi**

512000........ *Banque*..

- qui constate la **ressource**

411348........ *Client Ste Métalforme*..........................

→ Relatifs aux agios

- qui constatent l'**emploi**

627000........ *Services bancaires*..................................

445660........ *TVA déductible sur ABS*........................

- qui constate la **ressource**

512000........ *Banque*..

► **Enregistrez** ces opérations sur le bordereau de saisie.

Bordereau de saisie — **Folio n° 81**

Mois : Avril — Exercice comptable du 01/01 au 31/12

Date	N° Pièce	Journal	Libellé	N° compte	Intitulé abrégé	Débit	Crédit
12	*588*	*VE*	*Fact. Clt Wallet*	*4 4 5 7 1 1*	*Clt Wallet*	*30 933,90*	
12	*588*	*VE*	*Fact. Clt Wallet*	*7 0 7 0 0 0*	*Ventes march.*		*25 864,46*
12	*588*	*VE*	*Fact. Clt Wallet*	*4 4 5 7 1 0*	*TVA collectée*		*5 069,44*
					Vérification		

Bordereau de saisie							**Folio n° 101**
Mois : Juin					Exercice comptable du 01/01 au 31/12		
Date	**N° Pièce**	**Journal**	**Libellé**	**N° compte**	**Intitulé abrégé**	**Débit**	**Crédit**
15	*431*	*TR*	*Avis de crédit*	5 1 2 0 0 0	*Banque*	*30 933,90*	
15	*431*	*TR*		4 1 1 3 4 8	*Clt Wallet*		*30 933,90*
15	*431*	*TR*		6 2 7 0 0 0	*Serv. bancaires*	*15,00*	
15	*431*	*TR*		4 4 5 6 6 0	*TVA déductible*	*2,94*	
15	*431*	*TR*		5 1 2 0 0 0	*Banque*		*17,94*
					Vérification		

▶ **Effectuez** l'analyse.

Grand-livre

Analyse	Constatent		
Opérations	La naissance de la créance	L'engagement du paiement à une échéance	Le paiement à l'échéance
Les opérations signalées par la lettre A	■	■	❐
Les opérations signalées par la lettre B	❐	❐	■

411348

Débit	Crédit
A 30 933,30	*30 933,90 B_1*

707

Débit	Crédit
	25 650,00 A

44571

Débit	Crédit
	8 283,90 A

512

Débit	Crédit
B_1 30 933,90	*17,94 B_2*

627

Débit	Crédit
B_2 15,00	

44560

Débit	Crédit
B_2 2,94	

Application

La lettre de change relevé magnétique (LCR) : effets remis à l'encaissement

▶ **Analysez** l'échéancier.

Pourquoi deux colonnes de montant ? *La première colonne représente le montant de la créance à recouvrer, la deuxième le montant accepté par le tiré*

Pourquoi faire référence à la facture ? *C'est la facture qui a généré la création de la créance et son paiement par LCR*

État imprimé adressé par le Crédit Commercial Européen à son client le 14 mai

Le 14/05/-- Page 1

CRÉDIT COMMERCIAL EUROPÉEN 12 rue Félix Bouleau Paris — Compte courant n° 5006/00214/14587687452

BÂTIMENTS DECRET

(145)

DÉBITEUR CÉDÉ	MONTANT PRÉSENTÉ	MONTANT ACCEPTÉ	ÉCHÉANCE	DOMICILIATION	C BANQUE C GUICHET COMPTE
STÉ CATTON	3 250,00	3 250,00	15/05/--	Société Générale	6001 00325 00458632587
STÉ STPB	6 570,00	(5 000,00)	15/05/--	Crédit Lyonnais	3002 00259 00369875124
MARTIN COMMU	4 860,00	4 860,00	15/05/--	Groupe CIC	4001 00984 03695726522
ETS SALIN	(2 000,00)	(2 000,00)	15/05/--	BNP Paribas	2007 12582 52336585523

CRÉDIT COMMERCIAL EUROPÉEN 12 rue Félix Bouleau Paris

Compte courant n° 5006/00214/14587687452

BÂTIMENTS DECRET

(147)

AVIS ENCAISSEMENT LCR 00125 — **VALEUR RECONNUE EUROS**

Opération du 15/05/-- Date de valeur 16/05/-- — **Valeur du 18/05/--**

TIRÉ	DOMICILIATION	ÉCHÉANCE	DATE DE VALEUR	NOMBRE	VALEUR OPÉRATION	MONTANT
STÉ CATTON	6001 00325 00458632587	15/05/--	16/05/--	1	3 250,00	3 250,00
STÉ STPB	3002 00259 00369875124	15/05/--	16/05/--	1	(5 000,00)	5 000,00
MARTIN COMMUNICATION	4001 00984 03695726522	15/05/--	16/05/--	1	4 860,00	4 860,00
ETS SALIN	2007 12582 52336585523	15/05/--	16/05/--	1	(2 000,00)	2 000,00
CADRE RÉSERVÉ	TOTAL AU CRÉDIT					15 110,00
	COMMISSION ENCAISSEMENT			4	2,50	10,00
	TVA 19,60 % SUR ENCAISSEMENT			4	0,49	1,96
	TOTAL REMISES					15 110,00
	TOTAL FRAIS SUR REMISES					11,96

Demandez aux élèves de vérifier le document reçu de la banque, le CCE, avec le document : État imprimé reçu le 14 mai, expliquez la raison d'être de ces deux documents. Leur signification se retrouve dans le schéma de circulation présenté dans la leçon sur les LCR magnétiques.

► **Précomptabilisez** les opérations sur le bordereau de saisie.

Bordereau de saisie — **Folio n° 5**

Journal de banque — **Période :** ***Mai*** — **Exercice comptable :** ***1/01/-- au 31/12/--***

Date	N° Pièce	Libellé	N° compte	Intitulé abrégé	Débit	Crédit
18/05	*147*	*Avis encais.*	*512000*	*CEE*	*15 110,00*	
18/05	*147*	*Avis encais.*	*411CAT*	*Clt CATTON*		*3 250,00*
18/05	*147*	*Avis encais.*	*411STP*	*Clt STPB*		*5 000,00*
18/05	*147*	*Avis encais.*	*411MAR*	*Clt MARTIN COM*		*4 860,00*
18/05	*147*	*Avis encais.*	*411SAL*	*Clt Salin*		*2 000,00*
18/05	*147*	*Avis encais.*	*627000*	*Services bancaires*	*10,00*	
18/05	*147*	*Avis encais.*	*445660*	*TVA déductible sur ABS*	*1,96*	
18/05	*147*	*Avis encais.*	*512000*	*CEE*		*11,96*
.../...						

► **Reportez** dans les comptes clients les mouvements relatifs à ces opérations, **tirez** les soldes.

411 *CAT* *Sté CATTON*		411 *STP* *Sté STPB*		411 *MAR* *MARTIN COM.*		411 *SAL* *ETS SALIN*	
3 250,00	*3 250,00*	*6 570,00*	*5 000,00*	*4 860,00*	*4 860,00*	*2 212,50*	*2 000,00*
Solde *0*		Solde *1 570,00* *débiteur*		Solde *0*		Solde *212,50* *débiteur*	

Entraînement

► **Précomptabilisez** le bordereau reçu de la banque.

Ticket comptable n° *1*		
Date : *25.02*	Pièce justificative	
Référence : *Avis n° 025*	Nature de l'opération : *Remise LCR*	
Comptes	**Débit**	**Crédit**
512001	*7 647,24*	
411HUR		*7 647,24*
Vérification	*7 647,24*	*7 647,24*

Ticket comptable n° *2*		
Date : *25.02*	Pièce justificative	
Référence : *Avis n° 025*	Nature de l'opération : *Remise LCR*	
Comptes	**Débit**	**Crédit**
627000	*1,40*	
445660	*0,27*	
512001		*1,67*
Vérification	*1,67*	*1,67*

Résumer

1. Un effet LCR magnétique s'enregistre dans le compte Effets à recevoir ☐ Oui ☒ Non
2. Un effet LCR magnétique remis à l'encaissement s'enregistre dans le compte Effets remis à l'encaissement ☐ Oui ☒ Non
3. Qui avise le tireur que la LCR magnétique est remise à l'encaissement ? ....*Sa banque*..............................
4. Une LCR magnétique n'est pas escomptée comme un effet papier, expliquez l'opération faite par le banquier pour donner satisfaction à son client : ....*Il fait une avance de fonds garantie par la LCR, le banquier encaissera le montant à l'échéance de la créance LCR*..............................

Le journal de trésorerie

19 COMPTABILITÉ

18 SECRÉTARIAT

Les points forts de la leçon

Ce chapitre constitue une révision de la comptabilisation des documents relatifs aux règlements : chèques, cartes bancaires et effets.
La nouveauté réside dans l'emploi d'un compte de virement interne lorsque dans l'entreprise une même opération (ex. : dépôt en banque) peut donner lieu à un enregistrement dans deux journaux (ex. : caisse et banque).
Envoyer deux élèves au tableau pour procéder à l'enregistrement de la découverte 1.
L'utilisation du rétroprojecteur pour la découverte 2 est recommandé et l'analyse des documents avec les élèves avant leur comptabilisation est souhaitable.

Le plus du professeur

Aborder l'intérêt d'une centralisation dans la saisie du bordereau de banque. Au lieu de saisir à chaque opération le compte banque (50 fois s'il y a 50 chèques) il est plus rapide de saisir deux lignes en fin de période, une pour le total des recettes et une pour le total des dépenses.
La saisie lors de la séance de travaux professionnels du journal de banque sur le logiciel comptable est souhaitable (saisie au kilomètre ou par bordereau). L'édition du brouillard permettra de rendre concrète cette leçon.

Découverte

1. L'utilisation du compte 580 Virements internes

► **Analysez** leur enregistrement comptable.

Quels sont les journaux intéressés ?

par la création du chèque : *Banque*

par la pièce de caisse : *Caisse*

Il y a donc deux documents et deux journaux mais un seul retrait de 800 €. Pour éviter la double imputation un compte de liaison est nécessaire, d'où l'utilité du compte 580 Virements internes.

Quel est le journal qui doit en priorité enregistrer le retrait de la banque ? *JA de Banque*

Quelle est la pièce justificative qui l'accompagne ? *Souche de chèque bancaire*

Quel est le journal qui doit en priorité enregistrer le versement en caisse ? *JA de Caisse*

Quelle est la pièce justificative qui l'accompagne ? *Pièce de caisse*

► **Enregistrez** les pièces justificatives dans leur journal respectif.

Journal de Banque		Mois : 12			Folio : 37
JR	N° pièce	Libellé	N° de compte	Débit	Crédit
22	*852*	*Chèque retrait*	*580*	*800*	
			512		*800*

Journal de Caisse		Mois : 12			Folio : 24
JR	N° pièce	Libellé	N° de compte	Débit	Crédit
22	*125*	*Pièce de caisse*	*530*	*800*	
			580		*800*

2. La tenue du journal de trésorerie

► **Précomptabilisez** sur le bordereau du journal de banque les documents du 21/02.

Journal *Banque* — code journal *BQ* — mois *02* — an — folio *001*

Jour	Numéro de compte	Contre-partie	Débit	Crédit	L. A. *	Numéro de Pièce	Libellé		N° de Ligne
21	*512000*		*826,21*			*B109*	*Cartes bancaires BNP*		1
	627000		*4,56*						2
	511220			*830,77*					3
21	*512000*		*950,00*		*5*	*B108*	*Versement*		4
	580000			*950,00*					5
21	*512000*		*2 933,81*		*3*	*B109*	*Remise LCR*		6
	411191			*1 899,29*			*LCR Sotrac*		7
	411132			*1 034,52*			*LCR Moulin*		8
21	*627000*		*4,30*		*0*		*Frais d'encaissement LCR*		9
	445660		*0,84*						10
	512000			*5,14*					11
									12
									13
									14
									15
Totaux à reporter ou du mois			*4 719,72*	*4 719,72*					

* L.A. : 0 : AGIOS — 1 : AVOIR — 2 : CHÈQUE — 3 : EFFET — 4 : ESCOMPTE — 5 : ESPÈCES — 6 : FACTURES — 7 : IMPAYÉS — 8 : RÉDUCTION — 9 : VIREMENT

Application

La tenue du journal de trésorerie

▶ **Précomptabilisez** au journal de banque les documents du 20/03 (il existe aussi un journal de caisse).

Journal *Banque* — code journal: *BQ* — mois: *03* — an: — folio: *001*

Jour	Numéro de compte	Contre-partie	Débit	Crédit	L. A. *	Numéro de Pièce	Libellé	N° de Ligne
20	*512000*		*11 662,00*		*2*	*122*	*Remise*	1
	411184			*8 752,00*			*Rémy*	2
	411011			*2 910,00*			*Art déco*	3
20	*512000*		*1 650,00*		*5*	*123*	*Remise*	4
	580000			*1 650,00*		*123*		5
20	*401041*		*5 875,20*		*3*	*124*	*Deforges*	6
	401665		*4 789,50*				*Forges du Nord*	7
	512000			*10 664,70*			*Effets domiciliés*	8
								9
								10
								11
								12
								13
								14
								15
	Totaux à reporter ou du mois		*23 976,70*	*23 976,70*				

*L.A. : 0 : AGIOS — 1 : AVOIR — 2 : CHÈQUE — 3 : EFFET — 4 : ESCOMPTE — 5 : ESPÈCES — 6 : FACTURES — 7 : IMPAYÉS — 8 : RÉDUCTION — 9 : VIREMENT

Entraînement

▶ **Précomptabilisez** sur le bordereau du journal de banque les documents du 03/04.

Journal *Banque* — code journal : BQ — mois : 04 — an : — folio : 001

Jour	Numéro de compte	Contre-partie	Débit	Crédit	L. A. *	Numéro de Pièce	Libellé	N° de Ligne
01	512000		17 852,25		2	604	Remise	1
	511210			17 852,25				2
03	512000		553,95			605	Remise cartes bancaires	3
	627000		3,19					4
	511220			557,14				5
03	580000		1 000,00		2	24788210	Chèque retrait	6
	512000			1 000,00				7
03	401101		2 974,84		2	24788211	Jardinet	8
	512000			2 974,84				9
03	401192		6 965,00		2	24788212	Soulac	10
	512000			6 965,00				11
03	445510		14 568,00		2	24788213	Trésor Public – TVA mars	12
	512000			14 568,00				13
03	401191		900,00		2	24788214	Soderex	14
	512000			900,00				15
03	401051		1 785,20		2	24788215	EDF	16
	512000			1 785,20				17
03	401062		4 648,64		2	24788216	Gardena	18
	512000			4 648,64				19
03	512000		5 400,00		5	606	Dépôt	20
	580000			5 400,00				21
								22
	Totaux à reporter ou du mois		56651,07	56651,07				

* L.A. : 0 : AGIOS — 1 : AVOIR — 2 : CHÈQUE — 3 : EFFET — 4 : ESCOMPTE — 5 : ESPÈCES — 6 : FACTURES — 7 : IMPAYÉS — 8 : RÉDUCTION — 9 : VIREMENT

Résumer

Pour éviter les doubles enregistrements lors de la tenue de plusieurs journaux spécialisés, on utilise des comptes de liaison.
Complétez les comptes en T pour un retrait de 1 000 € de la banque pour alimenter la caisse.

Dans le journal de banque

512000 Banque (Débit)	512000 Banque (Crédit)	580000 Virements internes (Débit)	580000 Virements internes (Crédit)
	1 000	1 000	

Dans le journal de caisse

531000 Caisse (Débit)	531000 Caisse (Crédit)	580000 Virements internes (Débit)	580000 Virements internes (Crédit)
1 000			1 000

Les contrôles de la trésorerie

20 COMPTABILITÉ

19 SECRÉTARIAT

Les points forts de la leçon

La leçon peut se découper en deux séquences :
– le contrôle de la caisse et le contrôle de la banque sans centralisation ;
_ le contrôle de la banque avec centralisation.

Si le niveau de la classe est trop faible, étudier l'entraînement 2 en travaux professionnels.
Insister sur la nécessité de commencer par pointer l'état de rapprochement précédent avec le relevé.

Le plus du professeur

Le rapprochement peut être effectué par lettrage.
les petites entreprises cherchent à supprimer l'état de rapprochement long et fastidieux soit :
– en suivant au jour le jour leur compte banque par Minitel ou sur l'Internet ;
– en enregistrant les opérations au journal de banque à partir du relevé bancaire.

Découverte

1. Le contrôle de la caisse

► **Contrôlez** la caisse du 21/02 à partir du relevé édité par la caisse enregistreuse.

```
Relevé de caisse
du 21/02
**********00001***
Poisson    8 303,30
**********00002***
Vins       2 145,00
**********00002***
Conserves  1 567,00
**********00007***
TTC       12 015,30
**********00000***
Fonds de caisse
début      1 252,30
**********00999***
Total     10 763,00
**********00531***
Espèces    4 715,20
**********00512***
Chèques    2 786,30
**********00511***
Cartes     3 261,50
******************
```

Contrôle de la caisse au __/__

Espèces en caisse au soir

Nombre	Valeur	Montant
10	Pièces de 0,01	0,10
20	Pièces de 0,02	0,40
6	Pièces de 0,05	0,30
40	Pièces de 0,10	4,00
42	Pièces de 0.20	8,40
34	Pièces de 1/2	17,00
34	Pièces de 1 €	34,00
63	Pièces de 2 €	126,00
17	Billets de 5 €	85,00
10	Billets de 10 €	100,00
21	Billets de 20 €	420,00
35	Billets de 50 €	1 750,00
11	Billets de 100 €	1 100,00
2	Billets de 200 €	400,00
1	Billets de 500 €	500,00
Total des espèces en caisse		4 545,20

Dépenses de la journée

Détail	Montant
Don au Football club	20,00
Prélèvement exploitant	150,00
Total des dépenses	170,00

Contrôle des espèces

Montant des espèces du relevé de caisse	4 715,20
Dépenses en espèces	– 170,00
Montant théorique	4 545,20
Montant réel en caisse	– 4 545,20
Écart	0,00

Explication de l'écart :

2. Le contrôle du compte Banque

▶ **Pointez** les éléments similaires figurant sur ces deux documents

▶ **Établissez** l'état de rapprochement avec les éléments non pointés..

État de rapprochement effectué le : ...*11/02*............. **État n° 4**

Opérations non pointées	Compte 512000 Banque dans nos livres			Relevé établi par la banque		
	Débit	**Crédit**	**Code Obs. (*)**	**Débit**	**Crédit**	**Code Obs. (*)**
Solde au : *10/02*	*12 538,12*				*6 406,62*	
Prélèvement EDF		*3 500,00*	*2*	X		
Frais de tenue de compte		*45,00*	*2*	X		
Chèque Monnier		X		*813,50*		*1*
Versement d'espèces	X				*3 400,00*	*1*
Totaux	*12 538,12*	*3 545,00*		*813,50*	*9 806,62*	
Soldes après rapprochement	*8 993,12*				*8 993,12*	

(*) Codes observations : 1. Situation normale. 2. Obligation d'une écriture dans nos livres. 3. Situation à vérifier (contrôles avec d'autres documents, courrier...).

Les X indiquent « l'endroit » où le montant figure dans les documents de base.

▶ **Précomptabilisez** les écritures nécessaires à la rectification de la comptabilité de l'entreprise.

Bordereau de saisie

Journal de : ...*Banque*........ code *BQ*

Date	N° Pièce	Libellé	N° compte	Débit	Crédit
10/02	*État 4*	*Prélèvement EDF*	*401051*	*3 500,00*	
.../...	*CA3*	*Frais de tenue de compte*	*627000*	*45,00*	
.../...		*État de rapprochement*	*512000*		*3 545,00*
.../...					
		Vérification		*3 545,00*	*3 545,00*

Il est possible de passer 2 écritures.

Application

1. Le contrôle de la caisse

► **Contrôlez** la caisse du 22/02.

Relevé de caisse du 22/02

**********00001***	
Poisson	5 663,05
**********00002***	
Vins	1 418,50
**********00002***	
Conserves	1 633,20
**********00007***	
TTC	8 714,75
**********00000***	
Fonds de caisse début	4 545,20
**********00999***	
Total	13 259,95
**********00531***	
Espèces	7 950,15
**********00512***	
Chèques	2 292,60
**********00511***	
Cartes	3 017,20
*****************	

Cartes bancaires du 22/02
Total des facturettes

429.40 +
617.20 +
615.60 +
917.00 +
438.00 +

3 017,20 *

Total des chèques du 22/02

418.90 +
713.75 +
325.35 +
619.40 +
215.20 +

2 292.60 *

Contrôle de la caisse au __/__

Espèces en caisse au soir		
Nombre	Valeur	Montant
20	Pièces de 0,01	*0,20*
10	Pièces de 0,02	*0,20*
15	Pièces de 0,05	*0,75*
30	Pièces de 0,10	*3,00*
35	Pièces de 0,20	*7,00*
48	Pièces de 1/2	*24,00*
34	Pièces de 1 €	*34,00*
28	Pièces de 2 €	*56,00*
67	Billets de 5 €	*335,00*
50	Billets de 10 €	*500,00*
12	Billets de 20 €	*240,00*
11	Billets de 50 €	*550,00*
5	Billets de 100 €	*500,00*
1	Billets de 200 €	*200,00*
1	Billets de 500 €	*500,00*
Total des espèces en caisse		*2 950,15*

Dépenses de la journée	
Détail	Montant
Versement en banque	*5 000,00*
Total des dépenses	*5 000,00*

Contrôle des espèces

Montant des espèces du relevé de caisse	*7 950,15*
Dépenses en espèces	*5 000,00*
Montant théorique	*2 950,15*
Montant réel en caisse	*2 950,15*
Écart	*0,00*

Explication de l'écart :

Contrôle des chèques **Bon** ■ **Écart** ☐ **de** .... €

Contrôle des cartes bancaires **Bon** ■ **Écart** ☐ **de** .... €

Explication de l'écart :

2. Le contrôle du compte Banque

► **Vérifiez** que les éléments indiqués dans l'état de rapprochement précédent ont bien été rectifiés dans le compte 512000 Société Générale ou qu'ils figurent dans le relevé reçu de la banque. **Pointez** les éléments.

► **Pointez** le relevé avec le compte. En cas d'erreur dans les sommes, **vérifiez** avec les pièces justificatives.

► **Établissez** l'état de rapprochement avec les éléments non pointés.

État de rapprochement effectué le : ....*20/02*.......... (État n° 5)

Opérations non pointées	Compte 512000 Banque dans nos livres			Relevé établi par la banque		
	Débit	Crédit	Code Obs. (*)	Débit	Crédit	Code Obs. (*)
Solde au : *20/02*	*4 504,40*				*8 979,25*	
France Télécom		*728,15*	*2*	X		
Erreur de chèque URSSAF		*10*	*2 + 3*			
Chèque ASSEDIC		X		*5 213,00*		*1*
Totaux	*4 504,40*	*738,15*		*5 213,00*	*8 979,25*	
Soldes après rapprochement	*3 766,25*				*3 766,25*	

(*) Codes observations : 1. Situation normale. 2. Obligation d'une écriture dans nos livres.
3. Situation à vérifier (contrôles avec d'autres documents, courrier…).

► **Précomptabilisez** les écritures nécessaires à la rectification de la comptabilité de l'entreprise.

Bordereau de saisie

Journal de : ....*Banque*.. code |_|_|

Date	N° Pièce	Libellé	N° compte	Débit	Crédit
20/02	...*État 5*.	.*France Télécom*............	*401062*	....*728,15*	....
.../...	....	.*Chèque URSSAF*............	*431000*	.....*10,00*	....
.../...	....	.*État de rapprochement*........	*512000*	....	...*738,15*
.../...	....	....		....	....
		Vérification		*738,15*	*738,15*

Entraînement

1.

► **Effectuez** le pointage du relevé reçu de la BNP au 10/03, **établissez** l'état de rapprochement (document non fourni).

État de rapprochement effectué le : ...*10/03*...........

Opérations non pointées	Compte 512000 Banque dans nos livres			Relevé établi par la banque		
	Débit	**Crédit**	**Code Obs. (*)**	**Débit**	**Crédit**	**Code Obs. (*)**
Solde au : *10/03*	*19 848,95*				*811,45*	
Prélèvement EDF		*3 712,50*	*2*			
Effet Letissier		*5 325,00*	*2*			
Versement espèces					*10 000,00*	*1*
Totaux	*19 848,95*	*9 037,50*			*10 811,45*	
Soldes après rapprochement	*10 811,45*				*10 811,45*	

(*) Codes observations : 1. Situation normale. 2. Obligation d'une écriture dans nos livres.
3. Situation à vérifier (contrôles avec d'autres documents, courrier…).

2.

SPÉCIAL « MÉTIERS DE LA COMPTABILITÉ »

► **Établissez** l'état de rapprochement avec la Société Générale et **précomptabilisez** les écritures qui s'imposent au 10/03.

État de rapprochement effectué le : ....*10/03*.........   État n° 7

Opérations non pointées	Compte 512000 Banque dans nos livres			Relevé établi par la banque		
	Débit	**Crédit**	**Code Obs. (*)**	**Débit**	**Crédit**	**Code Obs. (*)**
Solde au : *10/03*		*3 572,35*			*2 130,95*	
Erreur chèque Barany		*36,00*				
Encaissement CB	*6 596,05*					
Versement espèces					*6 000,00*	
Chèque Carlier				*5 143,25*		
Totaux	*6 596,05*	*3 608,35*		*5 143,25*	*8 130,95*	
Soldes après rapprochement	*2 987,70*				*2 987,70*	

(*) Codes observations : 1. Situation normale. 2. Obligation d'une écriture dans nos livres.
3. Situation à vérifier (contrôles avec d'autres documents, courrier…).

Bordereau de saisie

Journal de : *Banque* code BQ

Date	N° Pièce	Libellé	N° compte	Débit	Crédit
10/03	*État 7*	*Chèque Barany (erreur)*	401024	*36,00*	
.../...			512000		*36,00*
10/03	*État 7*	*Encaissement cartes bancaires*	512000	*6 596,05*	
.../...			627000	*100,45*	
.../...			511220		*6 696,50*
		Vérification		*6 732,50*	*6 732,50*

Résumer

Comment peut-on vérifier l'édition par la caisse enregistreuse du magasin :

– du total des espèces en fin de journée ? *Par comptage des espèces.*

Le rapprochement entre le compte 512 Banque tenu par l'entreprise et le relevé de compte (ou extrait de compte) reçu de la banque s'effectue en trois étapes :

1. Un pointage. Quels sont les documents à réunir pour ce travail ?

L'état de rapprochement précédent.

Le relevé reçu de la banque.

Le compte 512 Banque tenu par l'entreprise.

2. Un état de rapprochement. Il reprend les opérations : pointées ❐ non pointées ☒
3. La rectification comptable pour les opérations :

ne figurant pas dans le compte 512000 Banque ☒ ne figurant pas dans le relevé reçu de la banque ❐

Le contrôle des comptes de tiers

21 COMPTABILITÉ **20** SECRÉTARIAT

Les points forts de la leçon

Ce chapitre doit montrer aux élèves l'un des intérêts de tenir une comptabilité. Le contrôle des comptes de tiers permet de corriger des erreurs mais aussi de rechercher les factures non payées et de relancer les clients en retard de paiement.
Cette leçon devrait intéresser les élèves par son côté ludique.
Avant de débuter la découverte 2 rappeler aux élèves qu'au point de vue comptable, les factures et les règlements s'opposent (si les uns sont au débit les autres sont au crédit).
L'utilisation du rétroprojecteur est souhaitable.
Insister sur le travail d'analyse, de justification des comptes qui sont encore du domaine de l'intervention humaine.

Le plus du professeur

Insister sur la méthode de travail, la lecture attentive du libellé, le soin du lettrage.
En travaux professionnels il peut être intéressant de faire éditer un grand livre avec uniquement les comptes non soldés et les écritures non lettrés pour limiter le travail de justification.
Ce travail de contrôle est souvent la base d'un travail de communication avec relance téléphonique et/ou lettre de rappel de règlement.

Découverte

1. Les problèmes rencontrés

► **Analysez** les problèmes rencontrés lors de l'encaissement.

Exemple 1

Arrondi de ......0,08 €

Pour le vendeur cet arrondi constitue-t-il un gain ou une perte € ......Perte......

Dans quel compte l'arrondi sera-t-il enregistré €
658000 Charges diverses de gestion courante ☒
758000 Produits divers de gestion courante ☐

Exemple 2

Différence de ......42...... €

% par rapport au montant de la facture :

$$\frac{\text{différence}}{\text{montant de la facture}} \times 100 = ..1.. \%$$

Conclusion : le client, comme prévu dans les conditions de vente, s'est octroyé un escompte pour paiement comptant.

Montant de l'escompte hors taxe (pour une TVA à 19,60 %) = Différence/1,196 = ...*35,12*....... €

Ce montant va être comptabilisé dans le compte 665000 Escomptes accordés.

Partie de la TVA correspondante au montant qui ne sera pas encaissé = .*35,12* × 19,60 % = ..*6,88*.. €

Ce montant est à enregistrer dans le compte 44571 TVA collectée.

2. Le lettrage et la justification des comptes

► **Justifiez** le solde du compte du fournisseur SOVEXTRA en utilisant la technique du lettrage qui consiste à rapprocher chaque règlement avec la (ou les) facture(s) réglée(s). Ce rapprochement se fait par une lettre, différente pour chaque rapprochement.

Grand-livre partiel compte 401192 au compte 401192

Compte n° 401192 SOVEXTRA

Mvt	JL	Date	N° doc	Libellé	Échéance	Lettrage	Débit	Crédit	Solde
41	AC	05/04/--	875	Facture Sovextra	31/05/--	A		9 244,75	– 9 244,75
62	AC	15/04/--	912	Facture Sovextra	31/05/--	A		4 652,35	–13 897,10
78	CP	31/05/--	311702	Chèque Sovextra	31/05/--	A	13 897,10		0,00
85	AC	15/06/--	982	Facture Sovextra	15/08/--	B		7 248,90	– 7 248,90
97	AC	18/07/--	1002	Facture Sovextra	18/09/--	C		8 235,50	–15 484,40
108	BQ	15/08/--	311861	Chèque Sovextra	15/08/--	B	7 248,90		– 8 235,50
130	AC	01/09/--	1175	Facture Sovextra	02/11/--			6 356,00	– 14 591,50
136	BQ	18/09/--	311964	Chèque Sovextra	18/09/--	C	8 235,50		– 6 356,00
Total du compte 401192 SOVEXTRA							29 381,50	35 737,50	
Solde créditeur									– 6 356,00

Le premier règlement correspondant à un chèque de 13 897,10 € a été pointé avec la lettre A.

Pointez avec la même lettre A la (ou les) facture(s) réglée(s) avec ce chèque.

Quel est le montant du deuxième règlement ? ...*7 248,90*...... €

Pointez ce deuxième règlement et la (ou les) facture(s) réglée(s) avec la lettre B.

Quel est le montant du troisième règlement ? ...*8 235,50*...... €

Pointez ce troisième règlement et la (ou les) facture(s) réglée(s) avec la lettre C.

Il reste une facture non réglée. Quel est son montant ? ....*6 356,00*..... €

Cette facture correspond au solde du compte. Elle constitue la justification du solde.

Complétez la fiche de justification :

Justification du solde d'un compte

Compte n° ..*401192*... Intitulé : ...*SOVEXTRA*...................................

Date de la justification : *30/09* Solde à justifier : ...*– 6 356*... €

Facture(s) justificatives				
Date	N°	Montant	Échéance	Observation
01/09	*1175*	*6 356,00*	*02/11*	À régler ❒ À corriger ❒
				À régler ❒ À corriger ❒
				À régler ❒ À corriger ❒
				À régler ❒ À corriger ❒
	Total	*6 356,00*	Observation	*Situation normale la facture n'est pas échue*

Application

Le lettrage et la justification des comptes

► **Lettrez et justifiez** le solde des comptes des fournisseurs JOUEX et JOUEF au 30/09.

Grand-livre partiel compte 401101 et compte 401102

Compte n° 401101 JOUEX

Mvt	JL	Date	N° doc	Libellé	Échéance	Lettrage	Débit	Crédit	Solde
48	AC	07/04/--	882	Facture JOUEX	31/05/--	*A*		12 458,28	– 12 458,28
62	AC	15/04/--	924	Avoir JOUEX	31/05/--	*A*	892,50		– 11 565,78
83	BQ	31/05/--	105	LCR JOUEX	31/05/--	*A*	11 565,78		0,00
92	AC	16/06/--	991	Facture JOUEX	31/07/--	*B*		14 562,25	– 14 562,25
97	AC	20/07/--	1010	Facture JOUEX	31/08/--	*C*		7 652,20	– 22 214,45
99	BQ	22/07/--	311768	Chèque JOUEF	31/07/--		7 852,25		– 14 362,20
100	AC	28/07/--	1085	Avoir JOUEX	31/07/--	*B*	1 024,20		– 13 338,00
102	BQ	31/07/--	124	LCR JOUEX	31/07/--	*B*	13 538,05		200,05
124	BQ	31/08/--	130	LCR JOUEX	31/08/--	*C*	7 652,20		7 852,25
				Total du compte 401101 JOUEX			42 524,98	34 672,73	
				Solde débiteur					7 852,25

Compte n° 401102 JOUEF

Mvt	JL	Date	N° doc	Libellé	Échéance	Lettrage	Débit	Crédit	Solde
92	AC	16/06/--	992	Facture JOUEF	31/07/--			7 852,25	– 7 852,25
97	AC	20/07/--	10015	Facture JOUEF	31/08/--	*A*		9 452,30	– 17 304,55
124	BQ	31/08/--	311965	Chèque JOUEF	31/08/--	*A*	9 452,30		– 7 852,25
138	AC	22/09/--	1248	Facture JOUEF	31/10/--			6 485,74	– 14 337,99
				Total du compte 401102 JOUEF			9 452,30	23 790,29	
				Solde créditeur					- 14 337,99

Quelle erreur constatez-vous dans le compte JOUEX ? *Il existe un chèque de 7 852,25 € sans facture correspondante.*

De quel document figurant dans le compte JOUEF peut-on rapprocher la somme précédente ? *La facture 992 du 16/06.*

Si les libellés sont conformes aux pièces justificatives, quelle est votre conclusion ? *Le chèque JOUEF a été imputé par erreur au compte JOUEX.*

► **Précomptabilisez** sur ticket comptable l'écriture rectificative.

Ticket comptable n° 1

Date : *30/09*	Pièce justificative	
Code JA : *OD*	Nature : *Chèque JOUEF* Référence : *311768*	
Comptes	**Débit**	**Crédit**
401102	*7 852,25*	
401101		*7 852,25*
Vérification	*7 852,25*	*7 852,25*

Après cette correction, le compte JOUEF sera-t-il soldé ? *Non*

Pourquoi ? *Il reste la facture n° 1248 de 6 485,74 € qui n'est pas encore réglée.*

Entraînement

1.

► **Justifiez** les soldes des comptes clients de la région Nord.

► **Complétez** le relevé des anomalies.

Comptes clients – Relevé des anomalies		**du 30/09**	**n° 99-18**	
N° compte	Anomalie constatée	Solution proposée	Correction comptable	
			Oui	**Non**
411N001	**Au Père Noël – Charleville** Retard de paiement ☐ Erreur d'imputation ☐ Le client a arrondi son règlement ☐ Le client a déduit un escompte conditionnel de 1 % ☒ soit escompte HT de *53,07* € et TVA de *10,93* €	*Enregistrer l'escompte*	☒	☐
411N002	**Jouet Club – Sedan** Retard de paiement ☐ Erreur d'imputation ☐ Le client a arrondi son règlement ☒ Le client a déduit un escompte conditionnel de 1 % ☐ soit escompte HT de .... € et TVA de .... €	*Solder le compte*	☒	☐
411N003	**Bébé Choyé – Lille** Retard de paiement ☐ Erreur d'imputation ☒ Le client a arrondi son règlement ☐ Le client a déduit un escompte conditionnel de 1 % ☐ soit escompte HT de .... € et TVA de .... €	*Créditer le compte 411N003 et débiter le 411N004*	☒	☐
411N004	**Bébé Choyé – Strasbourg** Retard de paiement ☒ Erreur d'imputation ☐ Le client a arrondi son règlement ☐ Le client a déduit un escompte conditionnel de 1 % ☐ soit escompte HT de .... € et TVA de .... €	*Lettre de rappel*	☐	☒
411N005	**Jouet Club – Calais** Retard de paiement ☐ Erreur d'imputation ☐ Le client a arrondi son règlement ☐ Le client a déduit un escompte conditionnel de 1 % ☐ soit escompte HT de .... € et TVA de .... €		☐	☐

► **Précomptabilisez** les écritures rectificatives sur le bordereau de saisie des opérations diverses.

Bordereau de saisie — **Folio n° 1**

Journal des opérations diverses

Date	**N° Pièce**	**Libellé**	**N° compte**	**Débit**	**Crédit**
30/09	*99-18*	*Escompte Ch 131*	6650000	53,51	
.../...			4457100	10,49	
.../...			411N001		64,00
30/09	*99-18*	*Arrondi Ch 122*	6580000	0,05	
.../...			411N002		0,05
30/09	*99-18*	*Erreur d'imputation*	411N004	2 472,30	
.../...			411N003		2 472,30
.../...					
.../...					
		Vérification		*2 536,35*	*2 536,35*

2.

► Le 30/04, vous êtes chargé(e) d'**affiner** le pointage, de **compléter** le tableau des anomalies et de **précomptabiliser** les rectifications sur le bordereau des opérations diverses (les libellés sont exacts).

Bordereau de saisie — **Folio n° 1**

Journal des opérations diverses

Date	N° Pièce	Libellé	N° compte	Débit	Crédit
30/04	99-08	Arrondi	41116240	0,01	
.../...			75800000		0,01
30/04	99-08	Chèque Travert	41116250	6.418,20	
.../...			41116260		6.418,20
30/04	99-08	Escompte chq 108	66500000	80,27	
.../...			44571100	15,73	
.../...			41116270		96,00
.../...					
		Vérification		6 514,21	6 514,21

Grand-livre des comptes Clients
Édition du 30/04

411623 THONON

JL	Date	N° DOC.	Libellé	Échéance	Débit	Lett.	Crédit	Solde
VT	02/04	245	Fact.THONON	05/04	6 480,00	aa		6 480,00
BQ	05/04	102	Ch. THONON			aa	6 480,00	0,00
VT	10/04	262	Fact.THONON	13/04	3 452,20	*ab*		3 452,20
VT	15/04	271	Fact.THONON	18/04	1 068,25	*ab*		4 520,45
BQ	18/04	119	Ch. THONON			*ab*	4 520,45	0,00
VT	22/04	290	Fact.THONON	26/04	12 068,25			12 068,25
			Solde débiteur		23 068,70		11 000,45	12 068,25

411624 TILLIEZ

JL	Date	N° DOC.	Libellé	Échéance	Débit	Lett.	Crédit	Solde
VT	02/04	246	Fact.TILLIEZ	10/04	5 875,30	*aa*		5 875,30
VT	08/04	251	Fact.TILLIEZ	10/04	3 482,20	*aa*		9 357,50
VT	08/04	252	Av. TILLIEZ			*aa*	346,40	9 011,10
BQ	10/04	108	Ch. TILLIEZ			*aa*	9 011,10	0,00
VT	18/04	280	Fact.TILLIEZ	20/04	9 112,99			9 112,99
BQ	20/04	126	Ch. TILLIEZ				9 113,00	- 0,01
			Solde débiteur		18 470,49		18 470,50	- 0,01

411625 TROVENT

JL	Date	N° DOC.	Libellé	Échéance	Débit	Lett.	Crédit	Solde
VT	04/04	248	Fact.TROVENT	06/04	3 452,75	aa		3 452,75
BQ	06/04	106	Ch. TROVENT			aa	3 452,75	0,00
VT	16/04	273	Fact.TROVENT	18/04	4 120,00	ab		4 120,00
BQ	18/04	120	Ch. TROVENT			ab	4 120,00	0,00
BQ	28/04	141	Ch. TROVERT				6 418,20	- 6 418,20
			Solde débiteur		7 572,75		13 990,95	- 6 418,20

411626 TROVERT

JL	Date	N° DOC.	Libellé	Échéance	Débit	Lett.	Crédit	Solde
VT	26/04	308	Fact.TROVERT	28/04	6 418,20			6 418,20
			Solde débiteur		6 418,20		0,00	6 418,20

411627 TRUQUIN

JL	Date	N° DOC.	Libellé	Échéance	Débit	Lett.	Crédit	Solde
VT	09/04	260	Fact.TRUQUIN	10/05	12 000,00			12 000,00
BQ	10/04	108	Ch. TRUQUIN				11 904,00	96,00
			Solde débiteur		12 000,00		11 904,00	96,00

Comptes Clients – Relevé des anomalies	du 30/04	n° 99-08
N° compte	Anomalie constatée	Solution proposée
411*623*	Intitulé : *THONON* *Facture n° 290 de 12 068,25* *non réglé à l'échéance du 26/04*	*Prendre contact avec le client,* *téléphone, courrier*
411*624*	Intitulé : *TILLIEZ* *Arrondi de 0,01*	*Solder le compte*
411*625*	Intitulé : *TROVENT* *Chèque TROVERT imputé par erreur*	*Débiter 411625 et créditer 411626*
411*626*	Intitulé : *TROVERT*	
411*627*	Intitulé : *TRUQUIN* *Escompte de 0,8 % pour règlement anticipé*	*Solder le compte*

Résumer

Dans les cas suivants, indiquez la cause de l'erreur.

1. Dans le compte du client LETOUZE, il reste une facture de 8 125,13 € et un chèque de 8 125 € non pointés. Cause de l'erreur = *Arrondi de 0,13 €*

2. Dans le compte du client MOREAU, il reste une facture de 8 200 € et un chèque de 8 118 € non pointés. Cause de l'erreur = *Escompte de 82 € soit 1 %*

Le 15/04, vous constatez que deux comptes Clients ne sont pas soldés.

1. Dans le compte du client SOPAC, une facture de 7 125,30 €, échéance le 31/03, n'est pas réglée.

Quelle solution préconisez-vous ? *Lettre de rappel à adresser au client*

2. Dans le compte du client RENAIX, une facture de 6 229,47 €, échéance le 30/04, n'est pas réglée.

Quelle solution préconisez-vous ? *Attendre l'échéance*

Les charges de personnel

22

COMPTABILITÉ

SPÉCIAL « MÉTIERS DE LA COMPTABILITÉ »

Les points forts de la leçon

Insister sur les différences entre :
- salaire de base, salaire brut et salaire à payer ;
- cotisations patronales et cotisations salariales.

Pour des raisons d'édition les taux de cotisations sont ceux de 2001. Il est souhaitable d'actualiser l'entraînement.
L'utilisation du rétroprojecteur est nécessaire.

Le plus du professeur

Insister sur le coût du salaire pour l'entreprise.
En travaux professionnels, lancer le débat sur les heures supplémentaires, sur la réduction du temps de travail, l'annualisation.
Procurez-vous des bulletins de paye de l'industrie (occulter les sommes avant projection) afin d'en montrer la complexité.

Découverte

L'employeur doit remettre à chaque versement de salaire un bulletin de paye à son employé.

1. L'analyse du bulletin de paye

► **Analysez** le bulletin de paie de Mme Lemoine.

Quel est le salaire de base de Mme Lemoine ?

1 400 €

Quelles différences y a-t-il entre le salaire de base et le salaire brut ?

La prime de vacances

Combien a-t-elle reçu en fin de mois ?

834,84 €

Pourquoi l'entreprise ne lui verse-t-elle pas le salaire brut ?

Elle doit retenir les cotisations salariales, l'acompte versé

Quel est le montant des cotisations patronales ?

589,20 €

Qui va les payer ?

L'entreprise

Combien Mme Lemoine a-t-elle coûté à l'entreprise ?

1 500 + 589,20 = 2 089,20 €

2. Le calcul du bulletin de paye

► **Complétez** le bulletin de paye de Mme Godin.

MOREAU SA
Avenue de la Dentelle
59300 Valenciennes

SIRET 45668845800013 NAF 770G
URSSAF 010286780025G

BULLETIN DE PAYE

Période du 01/01/N au 31/01/N
Paiement par virement le 30

Madame GODIN

12 RUE DES LILAS
59770 MARLY

Code salarié : 001 N° S.S. : 2700959606125
Emploi : Employée

Convention collective : Ameublement

Libellé	Base	Taux **salarié**	Montant **salarié**	Taux **patronal**	Montant **patronal**
SALAIRE DE BASE			**1 400,00**		
Prime de Noël			50,00		
SALAIRE BRUT			**1 450,00**		
CRDS + CSG non déductible	1 377,50	2,90 %	– 39,95		
CSG déductible	1 377,50	5,10 %	– 70,25		
Maladie Maternité Décès Veuvage	1 450,00	0,85 %	– 12,33	12,80 %	– 185,60
Assurance vieillesse	1 450,00	6,55 %	– 94,98	8,20 %	– 118,90
Vieillesse déplafonnée	1 450,00			1,60 %	– 23,20
Alloc. familiales	1 450,00			5,40 %	– 78,30
Accident de travail	1 450,00			1,40 %	– 20,30
Aide au logement FNAL	1 450,00			0,10 %	– 1,45
ASSEDIC ACSF, tranche A	1 450,00	3,01 %	– 43,65	5,13 %	– 74,39
Fonds de garantie (FNGS)	1 450,00			0,15 %	– 2,18
Retraite non cadr, tranche A	1 450,00	3,00 %	– 43,50	4,50 %	– 65,25
TOTAL DES RETENUES			**– 304,66**		**– 569 57**
MONTANT NET			**1 145,34**		
Acompte sur salaires			– 350,00		

NET IMPOSABLE : *1 185,29* **NET À PAYER :** **795,34** **EUROS**

Dans votre intérêt, conservez ce bulletin sans limitation de durée.

3. Le livre de paye

► **Reportez** dans le livre de paye le bulletin de paye d'octobre de Mme Godin.

Les élèves disposent du bulletin de paye de Mme Lemoine (p. 157). Ils doivent déceler l'erreur de report du salaire brut, 1 500 € et non pas 15 000 €.

LIVRE DE PAYE — N° P01-01

Mois de OCTOBRE 1999	Bulletins de paye			Cotisations patronales		
	Lemoine	Godin	Total	Lemoine	Godin	Total
SALAIRE BRUT	**15 000,00**	*1 450,00*	*2 950,00*			
COTISATIONS SOCIALES						
URSSAF (Sécurité sociale) :						
CRDS + CSG non déductible	41,33	*39,95*	*81,28*			
CSG déductible	72,68	*70,25*	*142,93*			
Maladie Maternité Décès Veuvage	12,75	*12,33*	*25,08*	192,00	*185,60*	*377,60*
Assurance vieillesse	98,25	*94,98*	*193,23*	123,00	*118,90*	*241,90*
Vieillesse déplafonnée				24,00	*23,20*	*47,20*
Allocations familiales				81,00	*78,30*	*159,30*
Accident de travail				21,00	*20,30*	*41,30*
Aide au logement				1,50	*1,45*	*2,95*
Total Sécurité sociale (1)	**225,01**	*217,51*	*442,52*	**442,50**	*427,75*	*870,25*
ASSEDIC						
Assurance chômage ACSF	45,15	*43,65*	*88,80*	76,95	*74,39*	*151,34*
Fonds de garantie (FNGS)				2,25	*2,18*	*4,43*
Total Assurance chômage (2)	**45,15**	*43,65*	*88,80*	**79,20**	*76,57*	*155,77*
Retraite complémentaire						
Retraite non cadre **(3)**	**45,00**	*43,50*	*88,50*	**67,50**	*65,25*	*172,75*
Total des cotisations (1) + (2) + (3)		*304,66*	*619,82*	**589,20**	*569,57*	*1 158,77*
Montant net	**1 184,84**	*1 145,34*	*2 330,18*			
Acomptes	– 350,00	*350,00*	*– 700,00*			
Net à payer	**834,84**	*795,34*	*1 630,18*			

4. La comptabilisation de la paye

► **Précomptabilisez** la paye d'octobre sur le bordereau de saisie des opérations diverses.

Bordereau de saisie — **Folio n° 1**

Journal des opérations diverses

Date	N° Pièce	Libellé	N° compte	Débit	Crédit
31/10	*P.10-99*	*Paye d'octobre*	*641000*	*2 950,00*	
.../...			*431000*		*442,52*
.../...			*437100*		*88,80*
.../...			*437200*		*88,50*
.../...			*425000*		*700,00*
.../...			*421000*		*1 630,18*
31/10	*P.10-99*	*Cotisations patronales*	*645000*	*1 158,77*	
.../...			*431000*		*870,25*
.../...			*437100*		*155,77*
.../...			*437200*		*132,75*
			Vérification	*4 108,77*	*4 108,77*

Application

Le bulletin de paye

► **Complétez** le bulletin de paye de Mme Godin pour novembre.

MOREAU SA
Avenue de la Dentelle
59300 Valenciennes

SIRET 45668845800013 APE 770G
URSSAF 010286780025G

BULLETIN DE PAYE

Période du 01/11/N au 30/11/N
Paiement par virement le 30

Madame GODIN

12 RUE DES LILAS
59770 MARLY

Code salarié : 001 N° S.S. : 2700959606125
Emploi : Employée

Convention collective : Ameublement

Libellé	Base	Taux **salarié**	Montant **salarié**	Taux **patronal**	Montant **patronal**
SALAIRE DE BASE			**1 500,00**		
Prime de Noël			100,00		
SALAIRE BRUT			***1 600,00***		
CRDS + CSG non déductible (1)	*1 520,00*	2,90 %	*– 44,08*		
CSG déductible	*1 520,00*	5,10 %	*– 77,52*		
Maladie Maternité Décès Veuvage	*1 600,00*	0,85 %	*– 13,60*	12,80 %	*– 204,80*
Vieillesse	*1 600,00*	6,55 %	*– 104,80*	8,20 %	*– 131,20*
Vieillesse déplafonnée	*1 600,00*			1,60 %	*– 25,60*
Alloc. familiales	*1 600,00*			5,40 %	*– 86,40*
Accident de travail	*1 600,00*			1,40 %	*– 22,40*
Aide au logement FNAL	*1 600,00*			0,10 %	*– 1,60*
Chômage ACSF, tranche A	*1 600,00*	3,01 %	*– 48,16*	5,13 %	*– 82,08*
Fonds de garantie (FNGS)	*1 600,00*			0,15 %	*– 2,40*
Retraite non cadre, tranche A	*1 600,00*	3,00 %	*– 48,00*	4,50 %	*– 72,00*
TOTAL DES RETENUES			**– 336,16**		**– 628,48**
MONTANT NET			**1 263,84**		
Acomptes sur salaires			– 350,00		

NET IMPOSABLE : *1 307,92* **NET À PAYER :** *913,84* **EUROS**

Dans votre intérêt, conservez ce bulletin sans limitation de durée.

(1) Sur 95 % du salaire brut

Entraînement

► **Actualisez** les taux de cotisations sociales figurant sur les bulletins (par exemple par le Minitel 3614URSSAF).

► **Établissez** les deux bulletins de paye.

Corrigé indicatif, taux et cotisation de janvier 2001.

DUPARCK – Menuiserie
34 rue Anatole France
59410 Anzin

SIRET 001 251245 00125 APE 124A
URSSAF 0245286701246

BULLETIN DE PAYE

Période du 01/04/_ _ au 30/04/_ _
Paiement par virement le 30

Monsieur LECERF

24 MONT DES FLEURS
59410 ANZIN

Code salarié : 001 N° S.S. : 1670559606028
Emploi : Employé

Convention collective : Menuiserie

Libellé	Base	Taux **salarié**	Montant **salarié**	Taux **patronal**	Montant **patronal**
SALAIRE DE BASE			**1 350,00**		
Prime de Noël			50,00		
SALAIRE BRUT			**1 400 00**		
CRDS + CSG non déductible	*1 330,00*	*2,90 %*	*– 38,57*		
CSG déductible	*1 330,00*	*5,10 %*	*– 67,83*		
Maladie Maternité Décès Veuvage	*1 400,00*	*0,85 %*	*– 11,90*	*12,80 %*	*– 179,20*
Vieillesse	*1 400,00*	*6,55 %*	*– 91,70*	*8,20 %*	*– 114,80*
Vieillesse déplafonnée	*1 400,00*			*1,60 %*	*– 22,40*
Alloc. familiales	*1 400,00*			*5,40 %*	*– 75,60*
Accident de travail	*1 400,00*			*1,40 %*	*– 19,60*
Aide au logement FNAL	*1 400,00*			*0,10 %*	*– 1,40*
Chômage ACSF, tranche A	*1 400,00*	*3,01 %*	*– 42,14*	*5,13 %*	*– 71,82*
Fonds de garantie (FNGS)	*1 400,00*			*0,15 %*	*– 2,10*
Retraite non cadre, tranche A	*1 400,00*	*3,00 %*	*– 42,00*	*4,50 %*	*– 63,00*
TOTAL DES RETENUES			**– 294,14**		**– 549,92**
MONTANT NET			**1 105,86**		
Acomptes sur salaires			*– 350,00*		

NET IMPOSABLE : *1 144,43* **NET À PAYER : 755,86 EUROS**

Dans votre intérêt, conservez ce bulletin sans limitation de durée.

DUPARCK – Menuiserie
34 rue Anatole France
59410 Anzin

SIRET 001 251245 00125 APE 124A
URSSAF 0245286780124G

BULLETIN DE PAYE

Période du 01/04/_ _ au 30/04/_ _
Paiement par virement le 30

Monsieur SÉTAN

64 RUE DE L'ESCAUT
59410 ANZIN

Code salarié : 002 N° S.S. : 1490659606102
Emploi : Employé

Convention collective : Menuiserie

Libellé	Base	Taux **salarié**	Montant **salarié**	Taux **patronal**	Montant **patronal**
SALAIRE DE BASE			**1 400,00**		
Prime de Noël			75,00		
SALAIRE BRUT			**1 475 00**		
CRDS + CSG non déductible	*1 401,25*	*2,90 %*	*– 40,64*		
CSG déductible	*1 401,25*	*5,10 %*	*– 71,46*		
Maladie Maternité Décès Veuvage	*1 475,00*	*0,85 %*	*– 12,54*	*12,80 %*	*– 188,80*
Vvieillesse	*1 475,00*	*6,55 %*	*– 96,61*	*8,20 %*	*– 120,95*
Vieillesse déplafonnée	*1 475,00*			*1,60 %*	*– 23,60*
Alloc. familiales	*1 475,00*			*5,40 %*	*– 79,65*
Accident de travail	*1 475,00*			*1,40 %*	*– 20,65*
Aide au logement FNAL	*1 475,00*			*0,10 %*	*– 1,48*
Chômage ACSF, tranche A	*1 475,00*	*3,01 %*	*– 44,40*	*5,13 %*	*– 75,67*
Fonds de garantie FNGS	*1 475 00*			*0,15 %*	*– 2,21*
Retraite non cadre, tranche A	*1 475,00*	*3,00 %*	*– 44,25*	*4,50 %*	*– 66,38*
TOTAL DES RETENUES			**– 309,90**		**– 579,39**
MONTANT NET			**1 165,10**		
Acomptes sur salaires			– 350,00		

NET IMPOSABLE : *1 205,74* **NET À PAYER : 815,10 EUROS**

Dans votre intérêt, conservez ce bulletin sans limitation de durée.

► **Complétez** le livre de paye.

LIVRE DE PAYE						N° P104
Mois de AVRIL	Bulletins de paye			Cotisations patronales		
	Lecerf	Sétan	Total	Lecerf	Sétan	Total
SALAIRE BRUT	1.400,00	1.475,00	2.875,00			
COTISATIONS SOCIALES						
URSSAF (Sécurité sociale) :						
CRDS + CSG non déductible	38,57	40,64	79,21			
CSG déductible	67,83	71,46	139,29			
Maladie Maternité Décès Veuvage	11,90	12,54	24,44	179,20	188,80	368,00
Assurance vieillesse	91,70	96,61	188,31	114,80	120,95	235,75
Vieillesse déplafonnée				22,40	23,60	46,00
Allocations familiales				75,60	79,65	155,25
Accident de travail				19,60	20,65	40,25
Aide au logement				1,40	1,48	2,88
***Total Sécurité sociale* (1)**	210,00	221,25	431,25	413,00	435,13	848,13
ASSEDIC						
Assurance chômage ACSF	42,14	44,40	86,54	71,82	75,67	147,49
Fonds de garantie (FNGS)				2,10	2,21	4,31
***Total Assurance chômage* (2)**	42,14	44,40	86,54	73,92	77,88	151,80
RETRAITE COMPLÉMENTAIRE						
Retraite non cadre	42,00	44,25	86,25	63,00	66,38	129,38
***Total Retraite complémentaire* (3)**	42,00	44,25	86,25	63,00	66,38	129,38
Total des cotisations (1) + (2) + (3)	294,14	309,90	604,04	549,92	579,39	1.129,31
Montant net	1.105,86	1.165,10	2.270,96			
Acomptes	350,00	350,00	700,00			
Net à payer	755,86	815,10	1.570,96			

► **Précomptabilisez** le bulletin de paye sur bordereau (tracé non fourni).

Bordereau de saisie — **Folio n° 1**

Journal des opérations diverses

Date	N° Pièce	Libellé	N° compte	Débit	Crédit
30/04	P.104	Paye d'avril	641000	2.875,00	
.../...			431000		431,25
.../...			437100		86,54
.../...			437200		86,25
.../...			425000		700,00
.../...			421000		1.570,96
30/04	P.104	Cotisations patronales	645000	1.129,31	
.../...			431000		848,13
.../...			437100		151,80
.../...			437200		129,38
			Vérification	4 004,31	4 004,31

Résumer

Les primes : s'ajoutent au salaire de base ☒ se retranchent du salaire de base ☐

Les cotisations salariales : s'ajoutent au salaire brut ☐ se retranchent du salaire brut ☒

La comptabilisation s'effectue plutôt : à partir de chaque bulletin de paye ☐ à partir du livre de paye ☒

Le salaire brut se comptabilise dans le compte :
421 Personnel – Rémunérations dues ☐ 641000 Rémunérations du personnel ☒

Le net à payer se comptabilise dans le compte :
421 Personnel – Rémunérations dues ☒ 641000 Rémunérations du personnel ☐

Le total des cotisations patronales se comptabilise dans le compte :
641000 Rémunérations du personnel ☐ 645000 Charges de Sécurité sociale et de prévoyance ☒

Les documents de synthèse

23

COMPTABILITÉ

SPÉCIAL « MÉTIERS DE LA COMPTABILITÉ »

Les points forts de la leçon

L'étude concrète du compte de résultat, du bilan est du domaine du baccalauréat professionnel. Mais l'intérêt d'aborder ces notions en fin d'année de BEP permet, avant l'examen, de restituer les comptes dans leur contexte.
– Pourquoi des comptes de charges ? = pour enregistrer les dépenses nécessaires à l'activité de l'entreprise.
– Pourquoi des comptes de produits ? = pour enregistrer les recettes de l'entreprise. La différence entre recettes et dépenses donnera le résultat (bénéfice ou perte).
– Pourquoi séparer les immobilisations des autres achats ? = le coût de l'investissement est trop important pour affecter en une seule fois le résultat de l'entreprise alors que cette acquisition va durer plusieurs années.
– Pourquoi les dettes se trouvent au passif du bilan avec les capitaux propres ? = il s'agit dans les deux cas de ressources pour l'entreprise.
L'utilisation du rétroprojecteur est nécessaire.
Insister sur l'analyse des résultats obtenus.

Le plus du professeur

Reprendre les notions d'emploi et de ressources pour expliquer la place des comptes dans les deux tableaux « Compte de résultat » et « Bilan ».
Montrer une liasse fiscale d'entreprise.

Découverte

I Le principe

► **Complétez** les schémas avec les termes suivants : BÉNÉFICE – ACTIF – CAPITAUX PROPRES – CHARGES – DETTES – PERTE – PRODUITS – PASSIF.

Compte de résultat à la date d'inventaire

Comptes de.....*charges*.........	Comptes de....*produits*.........

La différence est un ..*bénéfice*........ ou une ..*perte*...........

Bilan au ... (date d'inventaire)

....*Actif*.... (emplois)	..*Passif*.... (ressources)
....	*Capitaux propres*...............
Immobilisations	*Dettes*.................................
Stocks	
Créances	
Disponibilités	

► **Calculez** la dépréciation au bout d'un an.

..............*60.000/5 = 12.000 €*..

....

Du point de vue comptable, la dotation aux amortissements de cet appareil sera pour l'année 2000 de 12 000 €. Au bilan au 31/12/2002 apparaîtra le détail suivant : (à vous de compléter)

Valeur brute de la machine : .....*60.000 €*.............
Amortissement de l'année : ..*– 12.000 €*.............
Valeur nette de la machine : ..*= 48.000 €*.............

Application

1. Le calcul du résultat de l'exercice

► **Calculez** le résultat de l'exercice.

Total des produits (compte de la classe......) = ...5 175 976,60.. €

Total des charges (compte de la classe......) = ...– 4 629 922,00.. €

Résultat = ...546 054,60....€

Nature du résultat : Bénéfice ☒ Perte ❒

2. Le compte de résultat

► **Complétez** le compte de résultat de l'exercice à partir de la balance globale.

COMPTE DE RÉSULTAT Présentation en liste	Arrêté au 31/12/00
	Montant
Produits d'exploitation	
Ventes de marchandises	5 165 505,00
Produits des activités annexes	10 471,60
Montant net du chiffre d'affaires	5 175 976,60
Autres produits	0
TOTAL I PRODUITS D'EXPLOITATION	5 175 976,60
Charges d'exploitation	
Achats de marchandises	3 636 950,00
Autres approvisionnements (Comptes 606...)	115 700,00
Autres achats et charges externes (Comptes 61... et 62...)	195 192,00
Impôts et taxes et versements assimilés	61 000,00
Salaires et traitements	376 000,00
Charges sociales	169 200,00
Dotations aux amortissements	70 950,00
TOTAL II CHARGES D'EXPLOITATION	4 624 992,00
RÉSULTAT D'EXPLOITATION *TOTAL III (I – II)*	550 984,00
Produits financiers	
Escomptes obtenus	0,00
Autres produits financiers	0,00
TOTAL IV PRODUITS FINANCIERS	0,00
Charges financières	
Charges d'intérêts	4 930,00
Escomptes accordés	0,00
TOTAL V CHARGES FINANCIÈRES	4 930,00
RÉSULTAT FINANCIER *TOTAL VI (IV – V)*	– 4 930,00
Produits exceptionnels *TOTAL VII*	0,00
Charges exceptionnelles *TOTAL VIII*	0,00
RÉSULTAT EXCEPTIONNEL *TOTAL IX (VII – VIII)*	0,00
TOTAL DES PRODUITS *TOTAL X (I + IV + VII)*	5 175 976,60
TOTAL DES CHARGES *TOTAL XI (II + V + VIII)*	4 629 922,00
BÉNÉFICE OU PERTE	546 054,60

► **Analysez** les résultats obtenus.

Montant du chiffre d'affaires de l'exercice : ....5.175.976,60... €

Montant du bénéfice obtenu : ....546 054,60... €

Pourcentage du bénéfice par rapport au chiffre d'affaires : 546.054,60 / 5.175.976,60 × 100 = 10,55 %

Nature du résultat d'exploitation : Bénéfice ■ Perte ❐

Nature du résultat financier : Bénéfice ❐ Perte ■

3. Le bilan

► **Dressez** le bilan de l'entreprise à partir de la balance globale.

BILAN			**Arrêté au __/__/__**
ACTIF (Biens possédés)	Valeur brute	Amortissements	Valeur nette
Actif immobilisé			
Fonds commercial	800.000,00		800.000,00
Constructions	330.000,00	66.000,00	264.000,00
Agencements, aménagements	80.000,00	32.000,00	48.000,00
Matériel de transport	120.000,00	80.000,00	40.000,00
Matériel de bureau	35.000,00	28.000,00	7.000,00
Mobilier	32.800,00	13.120,00	19.680,00
TOTAL I ACTIF IMMOBILISÉ	1.397.800,00	219.120,00	1.178.680,00
Actif circulant			
Stocks	317.200,00	0,00	317.200,00
Créances d'exploitations :			
Clients	100.524,00	0,00	100.524,00
Autres créances	0,00	0,00	0,00
Disponibilités (Comptes 512 et 531)	181.351,20	0,00	181.351,20
TOTAL II ACTIF CIRCULANT	599.075,20	0,00	599.075,20
TOTAL DE L'ACTIF *TOTAL III (I + II)*	1.996.875,20	219.120,20	1.777.755,20
PASSIF			Valeur nette
Capitaux propres			
Capital			1.065.039,00
Résultat de l'exercice (+ bénéfice – perte)			546.054,60
TOTAL I CAPITAUX PROPRES			1.611.093,60
Dettes			
Emprunts			45.000,00
Dettes fournisseurs			98.200,00
Dettes fiscales et sociales			23.461,60
TOTAL II DETTES			166.661,60
TOTAL DU PASSIF *TOTAL III (I + II)*			1.777.755,20

► **Analysez** les résultats obtenus.

À quel total le passif du bilan est-il égal ? ....

Total des capitaux propres : ...1.611.093,60.. €

Pourcentage du bénéfice par rapport au capital : .546.054,60. / .1.065.039... × 100 = ...51.. %

Total des dettes : .....166.661,60... €

Total de l'actif circulant possédé : .....599.075,20... €

L'actif circulant est-il suffisant pour couvrir les dettes ? ...oui...

Valeur au 31/12/2000 des immobilisations : ....1.178.680. €

Entraînement

► Vous êtes chargé(e) de **calculer** le résultat, de **dresser** le bilan de l'entreprise pour l'exercice comptable qui s'est déroulé du 01/07/N au 30/06/N + 1 et d'**analyser** les résultats obtenus.

Calcul du résultat de l'exercice :

Total des produits (compte de la classe......) = ...6.024.275...... €

Total des charges (compte de la classe......) = ...5.681.858...... €

Résultat = ...342.417...... €

Nature du résultat : Bénéfice ■ Perte ❒

BILAN			**Arrêté au __/__/__**
ACTIF (Biens possédés)	Valeur brute	Amortissements	Valeur nette
Actif immobilisé			
Fonds commercial	823.600,00		823.600,00
Installations techniques	450.000,00	90.000,00	360.000,00
Autres immobilisations corporelles	345.800,00	69.160,00	276.640,00
TOTAL I ACTIF IMMOBILISÉ	1.619.400,00	159.160,00	1.460.240,00
Actif circulant			
Stocks	648.520,00	0,00	648.520,00
Créances d'exploitation :			
Clients	587.561,00	0,00	587.561,00
Disponibilités	154.114,00	0,00	154.114,00
TOTAL II ACTIF CIRCULANT	1.390.195,00	0,00	1.390.195,00
TOTAL DE L'ACTIF *TOTAL III (I + II)*	3.009.595,00	159.160,00	2.850.435,00
PASSIF			Valeur nette
Capitaux propres			
Capital			1.000.000,00
Résultat de l'exercice (+ bénéfice – perte)			342.417,00
TOTAL I CAPITAUX PROPRES			1.342.417,00
Dettes			
Emprunts			200.000,00
Dettes fournisseurs			1.275.968,00
Dettes fiscales et sociales			32.050,00
TOTAL II DETTES			1.508.018,00
TOTAL DU PASSIF *TOTAL III (I + II)*			2.850.435,00

Analyse des résultats obtenus :

Pourcentage du bénéfice par rapport au capital : ...342.417.... / ..1.000.000... × 100 = ..34.. %

Total des dettes : ....1.508.018.. €

Total de l'actif circulant possédé : ....1.390.195.. €

L'actif circulant est-il suffisant pour couvrir les dettes ? ......Non......

Valeur au 30/06/N + 1 des immobilisations ......1.460.240..... €

Résumer

Le compte de résultat reprend les comptes des classes :

Classe 1 ❒ Classe 2 ❒ Classe 3 ❒ Classe 4 ❒ Classe 5 ❒ Classe 6 ☒ Classe 7 ☒

Dans quelle partie du bilan trouve-t-on :

– les dettes ?	actif ❒	passif ☒	– les créances ?	actif ☒	passif ❒
– les biens possédés ?	actif ☒	passif ❒	– les stocks ?	actif ☒	passif ❒
– les disponibilités de l'entreprise ?	actif ☒	passif ❒	– le capital ?	actif ❒	passif ☒

1 Les achats

► **Précomptabilisez** les factures reçues.

JOURNAL DE : ***ACHATS***

Code journal : A C — Mois : 1 0 — Année : — Folio : 0 2

N°	JR	CRÉDIT N° de compte	CRÉDIT Crédit	LA	N° de Doc	Nom du tiers	CONTREPARTIE DÉBIT Divers N° Cpte	Divers Débit	TVA déduct. sur immob.	TVA déduct. sur ABS	Achats de marchand.	Fournit. non stockables	Rémunérat. d'inter. hon	Transport sur achats
1			203 535,85			Report folio 1		14 854,23		33 355,37	128 568,25	24 850,00	658,00	1 250,00
2	22	401071	4 362,33	6	10-37	Britax				714,90	3 647,43			
3	25	401201	819,20	6	10-38	TOMY				134,25	679,95		5,00	
4	25	401121	2 070,47	6	10-39	KILLY MAC				339,31	1 730,00			15,00
5		765000	13,84											
6	26	411023	826,24	6	10-40	BABYSTER				135,40	684,000		6,84	
7	26	404000	9 895,00	6	10-41	Garage KLÉBER	218200	9 895,00						
8	28	401061	37,35	6	10-42	Relais Mal FOCH	615 000	37,35						
9	30	607000	173,00	1	10-43	KILLY MAC	601121	205,26						
10		445660	33,64				765000	1,38						
11														
12														
13														
14														
15														
16														
17														
18														
19														
20														
	TOTAL		221 766,92				TOTAUX	24 993,22	–	34 679,23	135 309,63	24 850,00	669,84	1 265,00
							N° des comptes centralisés		445620	445660	607000	606100	622000	624100

Total des comptes débités : 221 766,92

LA (Libellé Automatique) 0 : AGIos 1 : AVOir 2 : CHèque 3 : EFFets 4 : ESCompte 5 : ESPèces 6 : FACture 7 : IMPayé 8 : RÉDuction 9 : VIRement

Il est souhaitable que le journal des achats donnent lieu à un travail de saisie dans un logiciel de comptabilité (Voir l'exemple de la grille de saisie en page 19). Terminez par une analyse du brouillard et du grand livre.

► **Indiquez**, ci-dessous, les anomalies constatées.

Le relevé mentionne une facture n° 5794 de 17 568,25 € payée par chèque n° 8587 le 14/10

► **Indiquez**, ci-dessous, les anomalies constatées.

Erreur pour la référence 5820. La remise doit être de 8 %. L'accord du 15/10 n'est pas respecté. Les frais de facturation devaient être supprimés et le règlement aurait dû être au 30/12.

Réf. : **IS18**		Désignation : barrière ouvrante 895 cm			**Méthode CMUP**			Coût Moyen Unitaire Pondéré après chaque entrée		
Code fournisseur :		401022 BABYTEC			Stock d'alerte : **5**			Stock maximum : **50**		
Date	N° bon	Entrée			Sortie			Stock		
		Qté	PU	Montant	Qté	PU	Montant	Qté	PU	Montant
01/10	en stock	40	36,00	1 440,00				40	36,00	1 440,00
05/10	S245				15	36,00	540,00	25	36,00	900,00
18/10	S252				20	36,00	720,00	5	36,00	180,00
20/10	E082	45	38,00	1 710,00				50	37,80	1 890,00
25/10	S263				25	37,80	945,00	25	37,80	945,00
02/11	S279				20	37,80	756,00	5	37,80	189,00
05/11	*IE97*	*45*	*36,00*	*1 620,00*				*50*	*36,18*	*1 809,00*

Réf. : **BA01**		Désignation : balançoire automatique			**Méthode CMUP**			Coût Moyen Unitaire Pondéré après chaque entrée		
Code fournisseur :		401071 GRACO			Stock d'alerte : **2**			Stock maximum : **20**		
Date	N° bon	Entrée			Sortie			Stock		
		Qté	PU	Montant	Qté	PU	Montant	Qté	PU	Montant
01/10	en stock	20	40,00	800,00				20	40,00	800,00
06/10	S246				10	40,00	400,00	10	40,00	400,00
15/10	S248				8	40,00	320,00	2	40,00	80,00
17/10	E075	18	39,00	702,00				20	39,10	782,00
26/10	S263				12	39,10	469,20	8	39,10	312,80
05/11	*S280*				*6*	*39,10*	*234,60*	*2*	*39,10*	*78,20*

► **Indiquez**, ci-dessous, les anomalies constatées.

Pour l'achat BA01 « Balançoire automatique » le stock d'alerte est atteint, il faut réapprovisionner.

2 Les ventes

Réf. : **HA5** Désignation : Huile Activa 5000 **Méthode PEPS** (premier entré, premier sorti)
Code fournisseur : 401TOTAL Stock minimal : **10** Stock maximal : **120**

Date	N° bon	Entrée			Sortie			Stock		
		Qté	PU	Montant	Qté	PU	Montant	Qté	PU	Montant
25/11	en stock	20	62,10	1 242,00				20	62,10	1 242,00
26/11	S92				12	62,10	745,20	8	62,10	496,80
27/11	E24	40	64,00	2 560,00				48 { 8 40	62,10 64,00	496,80 2 560,00
27/11	S95				18 { 8 10	62,10 64,00	496,80 640,00	30 { 0 30	62,10 64,00	0,00 1 920,00
28/11	S98				20	64,00	1 280,00	10	64,00	640,00
29/11	E28	30	64,50	1 935,00				40 { 10 30	64,00 64,50	640,00 1 935,00
30/11	*S104*				*12 { 10 2*	*64,00 64,50*	*640,00 129,00*	*28 { 0 28*	*64,00 64,50*	*0,00 1 806,00*
1/12	*S105*				*18*	*64,50*	*1 161,00*	*10*	*64,50*	*645,00*

► **Indiquez**, ci-dessous, les anomalies constatées.

Le stock minimum est atteint, un réapprovisionnement est nécessaire..............................

....

► **Établissez** la facture du client Delache qui n'a pu être établie hier soir. Vous disposez du bon de travail et du tarif.

Garage EISEN
36, bd Eisen 59300 Valenciennes
Tél. : 03 27 23 86 86 Fax : 03 27 23 86 80
SIRET 542 109 442 01268 APE 501 Z

Date : 01/12/_ _

FACTURE N° 45266

Client : ____________________

Référence	Désignation des travaux et des pièces de rechange	Quantité ou Nbre d'heures	Prix unit. Tarif HT	Montant	Total
Travaux effectués :					
Remplacement sphères		*1*	*30,21*	*30,21*	
Remplacement câbles frein		*1,8*	*35,71*	*64,28*	
Observations :			Total hors taxe main-d'œuvre	*94,49*	
			TVA sur encaissements à 19,60 %	*18,52*	
				Total TTC	*113,01*
Pièces de rechange :					
SPH109 Sphères		*2*	*61,64*	*123,28*	
CAB505 Câbles de freins		*2*	*20,97*	*41,94*	
Observations :			Total hors taxe pièces de rechange	*165,22*	
			TVA acquittée sur les débits à 19,60 %	*32,38*	
				Total TTC	*197,60*
Échéance le : __ /__				**Net à payer en €** **Soit en euros**	*310,61*

SPÉCIAL « MÉTIERS DE LA COMPTABILITÉ »

► **Précomptabilisez** sur le bordereau du journal des ventes les factures du 01/12 (y compris celle que vous avez établie).

Bordereau de saisie — **Folio n° 24**

Journal de ventes

Date	N° Fact.	Nom du tiers	N° compte	Intitulé du compte	Débit	Crédit
.../...				Report folio 23	235 458,20	235 458,20
01/12	45262	Steenbecque	4111193	Steenbecque	227,65	
.../...			7061100	Main-d'œuvre		66,46
.../...			4445800	TVA à régulariser		13,03
.../...			7072100	Ventes pièces de rechange		123,88
.../...			4445710	TVA collectée		24,28
01/12	45263	Garage du Parc	4111071	Garage du Parc	205,00	
.../...			7071100	Ventes pièces magasin		171,41
.../...			4445710	TVA collectée		33,59
01/12	45264	Prudhomme	7090000	Ristourne	106,20	
.../...			4445710	TVA collectée	20,82	
.../...			4111074	Prudhomme		127,02
01/12	45265	Watteau	7071100	Ventes pièces magasin	33,28	
.../...			4445710	TVA collectée	6,52	
.../...			4111075	Garage Watteau		39,80
01/12	45266	Delache	4111042	Delache	310,61	
.../...			7060000	Main-d'œuvre		94,49
.../...			4445800	TVA à régulariser		18,52
.../...			7072100	Ventes pièces de rechange		165,22
.../...			4445710	TVA collectée		32,38
.../...						
.../...						
.../...						
.../...						
.../...						
.../...						
.../...						
.../...						
.../...						
.../...						
				Totaux	236 368,28	236 368,28

► **Établissez** le relevé de factures de novembre du client Garage des Accacias.

Garage EISEN
36, Bd Eisen 59300 Valenciennes
Tél. : 03 27 23 86 86 Fax : 03 27 23 86 80
SIRET 542 109 442 01268 NAF 501 Z

RELEVÉ DE FACTURES
AU *02*/*12*/__

Garage des Acacias
27 av. Jean-Jaurès
59410 Anzin

Date du document	Référence du document	Débit	Crédit
03/11	*Facture n° 45184*	*3 428,50*	
12/11	*Facture n° 45197*	*1 218,45*	
18/11	*Facture n° 45203*	*2 127,38*	
23/11	*Avoir n° 45234*		*21,43*
	Total	*6 774,33*	*21,43*

NET À PAYER *6 752,90* € Au : *10*/*12*/__

SPÉCIAL « MÉTIERS DU SECRÉTARIAT »

Bordereau de saisie **Folio n° 24**

Journal de ventes

Date	N° Fact.	Nom du tiers	N° compte	Intitulé du compte	Débit	Crédit
.../...	....	....		Report folio 23	235 458,20	235 458,20
01/12	*45262*	*Steenbecque*	*4111193*	*Steenbecque*	*227,65*	
.../...			*7061100*	*Main-d'œuvre*		*66,46*
.../...			*4458100*	*TVA à régulariser*		*13,03*
.../...			*7072200*	*Ventes pièces de rechange*		*123,88*
.../...			*4457110*	*TVA collectée*		*24,28*
01/12	*45265*	*Watteau*	*7071100*	*Ventes pièces magasin*	*33,28*	
.../...			*4457110*	*TVA collectée*	*6,52*	
.../...			*4111075*	*Garage Watteau*		*39,80*
01/12	*45266*	*Delache*	*4111042*	*Delache*	*310,61*	
.../...			*7060000*	*Main-d'œuvre*		*94,49*
.../...			*4458100*	*TVA à régulariser*		*18,52*
.../...			*7072200*	*Ventes pièces de rechange*		*165,22*
.../...			*4457110*	*TVA collectée*		*32,38*
				Totaux	*236 036,26*	*236 036,26*

3 La déclaration de TVA

► **Établissez** le verso de la déclaration CA3 (page 145) pour le mois de novembre de la Papéthèque (librairie-papeterie).

► **Précomptabilisez** la déclaration CA3.

Bordereau de saisie

Journal de : *Opérations diverses* code 0D

Date	N° Pièce	Libellé	N° compte	Débit	Crédit
01/12	413	Déclaration de novembre	4 4 5 7 1 1	8 065,34	
.../...			4 4 5 7 1 2	2 529,70	
.../...			4 4 5 6 2 0		1 854,18
.../...			4 4 5 6 6 0		1 457,65
.../...			4 4 5 5 1 0		1 283,00
.../...			7 5 8 0 0 0		0,21
.../...					
.../...					
		Vérification		10 895,04	10 895,04

La loi n° 78-17 du 6 janvier 1978 modifiée relative à l'informatique, aux fichiers et aux libertés, garantit aux déclarants un droit d'accès et de rectification pour les données les concernant auprès du centre des impôts dont ils relèvent.

A MONTANT DES OPÉRATIONS RÉALISÉES

OPÉRATIONS IMPOSABLES (H.T.)			OPÉRATIONS NON IMPOSABLES		
01 Ventes, prestations de services		159 549	04 Exportations hors CE	0032	
02 Autres opérations imposables			05 Autres opérations non imposables	0033	
03 Acquisitions intracommunautaires (dont ventes à distance et/ou opérations de montage : ......)	0031		06 Livraisons intracommunautaires	0034	
			07 Achats en franchise	0037	

B DÉCOMPTE DE LA TVA À PAYER

OPÉRATIONS IMPOSABLES (lignes 1 à 3 ventilées par taux)		Base hors taxe	Taxe due
08 Taux 19,6 %	0205	12 906	2 530
09 Taux 5,5 %	0105	146 643	8 065
10 Anciens taux	0900		
11 Opérations imposables à un taux particulier (décompte effectué sur annexe 3310 A)	0950		
12 Opérations réalisées dans les DOM	0920		
13			
14 TVA antérieurement déduite à reverser	0600		0
15 **Total de la TVA brute due (lignes 08 à 14)**	0301		10 595
16 **Dont TVA sur acquisitions intracommunautaires**	0035		0
17 **Dont TVA sur opérations à destination de Monaco**	0038		0

DÉDUCTIONS

18 Biens constituant des immobilisations	0703		1 854
19 Autres biens et services	0702		7 458
20 Autre TVA à déduire		0	
21 Report du crédit apparaissant ligne 27 de la précédente déclaration *(À convertir si ce crédit est en francs et votre déclaration en euros)*	8001	0	
23 **Total lignes 20 + 21**	0701		0
22 *Indiquer ici le pourcentage de déduction applicable pour la période s'il est différent de 100 %* ...... %			
24 **Total TVA déductible lignes 18 + 19 + 23**			9 312

CRÉDIT			TAXE À PAYER		
25 Crédit de TVA (ligne 24 – ligne 15)	0705		28 TVA nette due (ligne 15 – ligne 24)		1 283
26 Remboursement demandé sur formulaire n° 3519 joint	8002		29 Taxes assimilées calculées sur annexe n° 3310 A	9979	
27 Crédit à reporter (ligne 25 – ligne 26) *(Cette somme est à reporter ligne 21 de la prochaine déclaration)*	8003		30 Sommes à imputer y compris acompte congés	9989	
			31 Sommes à ajouter y compris acompte congés	9999	
Attention! Une situation de TVA créditrice (ligne 25 servie) ne dispense pas du paiement des taxes assimilées déclarées ligne 29.			32 **Total à payer (lignes 28 + 29 – 30 + 31)** *(N'oubliez pas de joindre le règlement correspondant)*		1 283

Si vous réalisez des opérations intracommunautaires, pensez à la déclaration d'échanges de biens à souscrire auprès de la Direction Générale des Douanes et des Droits indirects (Cf notice de la déclaration CA3)

SPÉCIAL « MÉTIERS DE LA COMPTABILITÉ »

► **Calculez** la TVA collectée en novembre par l'entreprise GAZ-SERVICE (entretien et réparation des matériels de chauffage) qui acquitte la TVA sur ses encaissements.

► **Complétez** le verso de la déclaration CA3, page 147.

► **Précomptabilisez** la TVA collectée et la TVA à décaisser sur le bordereau joint.

Calcul de la TVA collectée sur encaissements du mois

Encaissements TTC du mois .... ***92 701,96 €***
Montant hors taxe (TVA 19,60 %) .... *77 510,00 €*
TVA collectée du mois .... *15 191,96 €*

Bordereau de saisie

Journal de : ***Opérations diverses*** .... code ***OD***

Date	N° Pièce	Libellé	N° compte	Débit	Crédit
30/11	....	*TVA collectée/encaissements*	4 4 5 8 0 0	*15 191,96*	....
.../...	....	....	4 4 5 7 1 0	....	*15 191,96*
30/11	*CA3*	*Déclaration de novembre*	4 4 5 7 1 0	*15 191,96*	....
.../...	....	....	4 4 5 6 6 0	....	*3 744,50*
.../...	....	....	4 4 5 5 1 0	....	*11 447,00*
.../...	....	....	7 5 8 0 0 0	....	*0,46*
.../...	....	....		....	....
.../...	....	....		....	....
		Vérification		*30 383,92*	*30 383,92*

La loi n° 78-17 du 6 janvier 1978 modifiée relative à l'informatique, aux fichiers et aux libertés, garantit aux déclarants un droit d'accès et de rectification pour les données les concernant auprès du centre des impôts dont ils relèvent

A MONTANT DES OPÉRATIONS RÉALISÉES

OPÉRATIONS IMPOSABLES (H.T.)			OPÉRATIONS NON IMPOSABLES		
01 Ventes, prestations de services		77 510	04 Exportations hors CE	0032	
02 Autres opérations imposables			05 Autres opérations non imposables	0033	
03 Acquisitions intracommunautaires (dont ventes à distance et/ou opérations de montage : ....)	0031		06 Livraisons intracommunautaires	0034	
			07 Achats en franchise	0037	

B DÉCOMPTE DE LA TVA À PAYER

OPÉRATIONS IMPOSABLES (lignes 1 à 3 ventilées par taux)		Base hors taxe	Taxe due
08 Taux 19,6 %	0205	77 510	15 192
09 Taux 5,5 %	0105		
10 Anciens taux	0900		
11 Opérations imposables à un taux particulier (décompte effectué sur annexe 3310 A)	0950		
12 Opérations réalisées dans les DOM	0920		
13			
14 TVA antérieurement déduite à reverser	0600		0
15 **Total de la TVA brute due (lignes 08 à 14)**	0301		15 192
16 **Dont TVA sur acquisitions intracommunautaires**	0035		0
17 **Dont TVA sur opérations à destination de Monaco**	0036		0

DÉDUCTIONS

18 Biens constituant des immobilisations	0703		0
19 Autres biens et services	0702		3 745
20 Autre TVA à déduire		0	
21 Report du crédit apparaissant ligne 27 de la précédente déclaration *(A convertir si ce crédit est en francs et votre déclaration en euros)*	8001	0	
23 **Total lignes 20 + 21**	0701		0
24 **Total TVA déductible lignes 18 + 19 + 23**			3 745
22 *Indiquer ici le pourcentage de déduction applicable pour la période s'il est différent de 100 %*		%	

CRÉDIT			TAXE À PAYER		
25 Crédit de TVA (ligne 24 – ligne 15)	0705		28 TVA nette due (ligne 15 – ligne 24)		11 447
26 Remboursement demandé sur formulaire n° 3519 joint	8002		29 Taxes assimilées calculées sur annexe n° 3310 A	9979	
27 Crédit à reporter (ligne 25 – ligne 26) *(Cette somme est à reporter ligne 21 de la prochaine déclaration)*	8003		30 Sommes à imputer y compris acompte congés	9989	
			31 Sommes à ajouter y compris acompte congés	9999	
Attention ! Une situation de TVA créditrice (ligne 25 servie) ne dispense pas du paiement des taxes assimilées déclarées ligne 29.			32 **Total à payer (lignes 28 + 29 – 30 + 31)** *(N'oubliez pas de joindre le règlement correspondant)*		11 447

Si vous réalisez des opérations intracommunautaires, pensez à la déclaration d'échanges de biens à souscrire auprès de la Direction Générale des Douanes et des Droits indirects (Cf. notice de la déclaration CA3)

4 Les règlements par chèques

N° 9448923 Date *05/05* Ordre *SOCOTREX* € *4040,05*

BNP PARIBAS

à rédiger exclusivement en euros

€

Payez contre ce chèque non endossable *Quatre mille quarante euros 05*

à *SOCOTREX* € *4040,05*

Payable en France

Agence N° Compte N°

11 AVENUE D'AMSTERDAM 59300 VALENCIENNES 0 802 35 57 50

00551 21245626 MOLNAY 24 BD WATTEAU 59300 VALENCIENNES

à *Valenciennes* le *05/05*

Molnay

(14)

Chèque n°

94489231 059010004908 055121245626

CHÈQUE N° Ordre *Téléghem* Date *05/05*

Objet *Relevé d'Avril* Montant *4 342,75*

BANQUE POPULAIRE

BANQUE POPULAIRE DU NORD

€uro

à rédiger exclusivement en euros

Payez contre ce chèque *Quatre mille trois centre quarante deux euros 75*

non endossable sauf au profit d'une banque ou d'un établissement assimilé

à *Téléghem* € *4 342,75*

Payable en France

VALENCIENNES TÉL : 03 27 20 27 20 0 1225 98 19 04 5156123

5156123 1225981904 MOLNAY 24 BD WATTEAU 59300 VALENCIENNES

A *Valenciennes* LE *05/05*

Molnay

chèque N°

5156123 059013507008 01225981904

Verso du chèque bancaire

compte n° 21245626

Molnay

► **Établissez** le bordereau de remise.

BNP PARIBAS

Dépôt de chèques EUROS

€ Le montant de ce dépôt vous est escompté ce jour et pourra être éventuellement contre-passé au débit de votre compte en cas de non-paiement partiel ou total (voir au verso l'avis au bénéficiaire).

☐ **Sur rayon** ☐ **Hors rayon**

Etablir un bordereau distinct par nature de dépôt

Réservé à la Banque

Service : PA :
N° Opé :
N° d'ordre : Folio : Document :

Date	Code agence	N° de compte (8 chiffres)	Réservé BNP
0 5 0 5	0 0 5 5 1	2 1 2 4 5 6 2 6	

Nom et adresse du bénéficiaire

Molnay

Emetteurs Ets payeurs et lieux de paiement	Montants
Bouchart BNP	557,73
1 Chèques(s) pour EUR	557,73

Agence tenant le compte

Référence dépôt (facultatif)

► **Précomptabilisez** sur le bordereau de banque les chèques envoyés ou reçus le 05/05.

Bordereau de saisie

Journal de BNP Paribas Code BQ

Date	N° Pièce	Libellé	N° compte	Débit	Crédit
05/05	9448923	Chèque Socotrex	4 0 1 2 2 1	4 040,05	
.../...			5 1 2 1 0 0		4 040,05
05/05		Remise chèque Bouchart	5 1 2 1 0 0	557,73	
.../...			4 1 1 0 2 2		557,73
.../...					
.../...					
.../...					
.../...					
.../...					
.../...					
		Vérification		4 597,78	4 597,78

Bordereau de saisie

Journal de Banque Populaire du Nord Code BP

Date	N° Pièce	Libellé	N° compte	Débit	Crédit
05/05	965291148T	Chèque Téléghem	4 0 1 2 3 4	4 342,75	
.../...			5 1 4 0 0 0		4 342,75
.../...					
.../...					
		Vérification		4 342,75	4 342,75

5 Les effets de commerce

► **Analysez** l'extrait des comptes individuels et **complétez** les comptes au fur et à mesure de l'avancement des tâches à réaliser.

COMPTE INDIVIDUEL — N° Compte : 401312

Raison sociale : TOUSSET SARL

Date	Libellé	Mouvements		Cumuls		Solde
		Débit	Crédit	Débiteur	Créditeur	
01/05	À NOUVEAU			445 686.00	485 940.00	– 40 254.00
04/05	FACT. N° 1685		10 525.00	445 686.00	496 465.00	– 50 779.00
11/05	*Traite n° 318*	*40 254,00*		*485 940,00*	*496 465,00*	*– 10 525,00*

COMPTE INDIVIDUEL — N° Compte : 401253

Raison sociale : STÉ QUEMENER

Date	Libellé	Mouvements		Cumuls		Solde
		Débit	Crédit	Débiteur	Créditeur	
01/05	À NOUVEAU			856 244.00	876 780.00	– 20 536.00
07/05	FACT. N° 8459		28 740.00	856 244.00	905 520.00	– 49 276.00
11/05	*Traite n° 331*	*49 276,00*		*905 520,00*	*905 520,00*	*00*

COMPTE INDIVIDUEL — N° Compte : 411048

Raison sociale : STÉ COFITAC

Date	Libellé	Mouvements		Cumuls		Solde
		Débit	Crédit	Débiteur	Créditeur	
01/05	À NOUVEAU			895 650.00	825 650.00	70 000.00
11/05	*Traite n° 174*		*70 000,00*	*895 650,00*	*895 650,00*	*00*

COMPTE INDIVIDUEL — N° Compte : 411057

Raison sociale : STÉ JEAN DERNAUD

Date	Libellé	Mouvements		Cumuls		Solde
		Débit	Crédit	Débiteur	Créditeur	
01/05	À NOUVEAU			325 789.00	284 621.00	41 168.00
03/05	FACT N° 5661	50 161.00		375 950.00	284 621.00	91 329.00
11/05	*Traite n° 175*		*91 329,00*	*375 950,00*	*375 950,00*	*00*

COMPTE INDIVIDUEL — N° Compte : 411165

Raison sociale : SOCIÉTÉ LONGE

Date	Libellé	Mouvements		Cumuls		Solde
		Débit	Crédit	Débiteur	Créditeur	
01/05	À NOUVEAU			834 785.00	814 640.50	20 144.50
08/05	FACT N°5682	59 380.50		894 165.50	814 640.50	79 525.00
11/05	*Traite n° 176*		*79 525,00*	*894 165,50*	*894 165,50*	*00*

► **Complétez**, le 10 mai, les effets de commerce n°s 174, 175 et 176 au 30 juin pour solde des comptes COFITAC, DERNAUD et LONGE.

SGBT Bâtiment
6 rue Lemoine
68200 MULHOUSE

Contre cette LETTRE DE CHANGE
stipulée SANS FRAIS
veuillez payer la somme indiquée
ci-dessous à l'ordre de : *Nous-mêmes*

N° 174

A *Mulhouse* LE ▼

EUR

MONTANT POUR CONTRÔLE	DATE DE CRÉATION	ÉCHÉANCE	Ref tiré	MONTANT
70 000,00	*10 mai*	*30.06*		*70 000,00*

R.I.B. DU TIRÉ

code établ.	code guichet	N° de compte	clé RIB
30006	*01231*	*0000234567*	*11*

DOMICILIATION: *BNP de Altkirch*

ACCEPTATION OU AVAL: *Lemaire*

NOM et ADRESSE du TIRÉ: *Sté COFITAC*
24 rue P. Merland
68130 ALTKIRCH

signature du tireur: *Kastendeuch*

N° SIREN du TIRÉ: *236 772 431*

Ne rien inscrire au-dessous de cette ligne ▼

SGBT Bâtiment
6 rue Lemoine
68200 MULHOUSE

Contre cette LETTRE DE CHANGE
stipulée SANS FRAIS
veuillez payer la somme indiquée
ci-dessous à l'ordre de : *Nous-mêmes*

N° 175

A *Mulhouse* LE ▼

EUR

MONTANT POUR CONTRÔLE	DATE DE CRÉATION	ÉCHÉANCE	Ref tiré	MONTANT
91 329,00	*10 mai*	*30.06*		*91 329,00*

R.I.B. DU TIRÉ

code établ.	code guichet	N° de compte	clé RIB
10008	*02342*	*0031677851*	*13*

DOMICILIATION: *Crédit Agricole Lauw*

ACCEPTATION OU AVAL: *Dernaud*

NOM et ADRESSE du TIRÉ: *Sté DERNAUD*
31 rue R. Passet
68113 LAUW

signature du tireur: *Kastendeuch*

N° SIREN du TIRÉ: *445 722 367*

Ne rien inscrire au-dessous de cette ligne ▼

SGBT Bâtiment
6 rue Lemoine
68200 MULHOUSE

Contre cette LETTRE DE CHANGE
stipulée SANS FRAIS
veuillez payer la somme indiquée
ci-dessous à l'ordre de : *Nous-mêmes*

N° 176

A *Mulhouse* LE ▼

EUR

MONTANT POUR CONTRÔLE	DATE DE CRÉATION	ÉCHÉANCE	Ref tiré	MONTANT
79 525,00	*10 mai*	*30.06*		*79 525,00*

R.I.B. DU TIRÉ

code établ.	code guichet	N° de compte	clé RIB
60012	*04231*	*00477892*	*14*

DOMICILIATION: *Banque du Haut Rhin Munster*

ACCEPTATION OU AVAL: *Longe*

NOM et ADRESSE du TIRÉ: *Sté LONGE*
17 rue Thann
68140 MUNSTER

signature du tireur: *Kastendeuch*

N° SIREN du TIRÉ: *431 211 512*

Ne rien inscrire au-dessous de cette ligne ▼

► Le 11 mai, les effets adressés par les fournisseurs doivent être acceptés, **préparez-les** et **présentez-les** à la signature de M. Kastendeuch.

TOUSSET SARL
89 rue Kelminer
68000 COLMAR

Contre cette LETTRE DE CHANGE
stipulée SANS FRAIS
veuillez payer la somme indiquée
ci-dessous à l'ordre de : *nous-mêmes*

n° 318

A *Colmar* LE

E U R

MONTANT POUR CONTRÔLE	DATE DE CRÉATION	ÉCHÉANCE	Ref tiré	MONTANT
40 254,00	11/05/– –	30/06		40 254,00

R.I.B. DU TIRÉ

code établ.	code guichet	N° de compte	clé RIB
20004	03654	00048592637	13

DOMICILIATION: *Banque FININCO et Cie Mulhouse*

ACCEPTATION OU AVAL: *Acceptée le 11.05* *Kastendeuch*

NOM et ADRESSE du TIRÉ: *SGBT Bâtiment, 6 rue Lemoine, 68200 MULHOUSE*

signature du tireur: *Tousset*

N° SIREN du TIRÉ: 474 321 889

Ne rien inscrire au-dessous de cette ligne

Sté Quemener
32, rue M. Douai
68150 RIBEAUVILLÉ

Contre cette LETTRE DE CHANGE
stipulée SANS FRAIS
veuillez payer la somme indiquée
ci-dessous à l'ordre de : *nous-mêmes*

n° 331

A *Ribeauvillé* LE

E U R

MONTANT POUR CONTRÔLE	DATE DE CRÉATION	ÉCHÉANCE	Ref tiré	MONTANT
49 276,00	11/05/– –	15/06		49 276,00

R.I.B. DU TIRÉ

code établ.	code guichet	N° de compte	clé RIB
20004	03654	00048592637	13

DOMICILIATION: *Banque FININCO et Cie Mulhouse*

ACCEPTATION OU AVAL: *Acceptée le 11.05* *Kastendeuch*

NOM et ADRESSE du TIRÉ: *SGBT Bâtiment, 6 rue Lemoine, 68200 MULHOUSE*

signature du tireur: *Quemener*

N° SIREN du TIRÉ: 474 321 889

Ne rien inscrire au-dessous de cette ligne

Le 14 mai, l'effet tiré sur la société Jean Dernaud est remis à l'escompte.

► **Vérifiez** le document reçu de la banque le 15 mai.

◇BANQUE FININCO & Cie◇

EFFETS REMIS À L'ESCOMPTE
Valeurs établies en euros 1/1

COMPTE COURANT : 00048592637
Remise n° 9720614 du 14/05/_ _

S.G.B.T. Bâtiment
6 rue Lemoine
68200 MULHOUSE

AVIS D'EFFETS REMIS A L'ESCOMPTE

N° effet	Domiciliation	Montant de l'effet	Date échéance	Nombre de jours	Intérêt + endos	Comm.	(*)
	TAUX APPLIQUÉ POUR CETTE REMISE 5,25 %						
176000	Crédit agricole LAUW	91 329,00	30/06	45	599,35	2	

Frais divers	Intérêt + Endos	Commissions taxables	TVA 19,60 %
	599,35	2,00	0,39

N° 324

MONTANT TOTAL DES EFFETS	91 329,00
TOTAL AGIOS + TAXES (TEG : 5,50 %)	601,39
A votre débit le 15/05/_ _ Valeur 13/05/_ _ MONTANT EUR	601,39

Les informations de ce documents sont exactes :
– l'effet est bien celui qui est escompté ;
– détail du calcul des agios :
l'escompte : $91\,329{,}00 \times 5{,}25\ \% \times \frac{45}{360} = 599{,}35$;
TVA sur commission $2 \times 19{,}60\ \% = 0{,}39$.

► **Vérifiez** le document reçu de la banque le 30 juin.

◇BANQUE FININCO & Cie◇

EFFETS REMIS À L'ENCAISSEMENT
Valeurs établies en euros 1/1.

COMPTE COURANT : 00048592637
Remise n° 973271 du 25/06/_ _

S.G.B.T. Bâtiment
6 rue Lemoine
68200 MULHOUSE

EFFETS REMIS A L'ENCAISSEMENT (CRÉDIT ÉCHÉANCE) AU 30/06/_ _

N° effet	Domiciliation LCC ou nom du tiré LCR	Montant de l'effet	Date échéance	Date de valeur	Comm.	(*)
1	BNP PARIBAS ALTKIRCH	70 000,00	30/06		1,80	
2	BANQUE DU HAUT RHIN MUNSTER	79 525,00	30/06		1,80	
	*** CREDIT DE	149 525,00	VALEUR	01/07/_ _	***	

(*) A = à faire accepter, D = non domicilié, I = impayé, R = rejet technique

N° 747

MONTANT TOTAL DES EFFETS
149 525,00

Intérêts + endos	
Commissions TAXABLES	3,60
Frais divers TAXABLES	5,40
TVA à 19,60 %	1,76
TOTAL AGIOS + TAXES	10,76

À VOTRE DÉBIT LE 30/06/_ _ VALEUR 27/06/_ _ 10,76

Les informations de ce document sont exactes :
– les effets sont bien ceux qui ont été remis à l'encaissement ;
– le calcul des agios est juste.

► **Précomptabilisez** sur bordereaux de saisie les traites adressées aux clients, les traites acceptées des fournisseurs, les traites remises à la banque, les avis reçus de la banque Fininco.

Bordereau de saisie — **Folio n° 36**
Code du journal : OD — Période de mai

Date	N° Pièce	Libellé	N° compte	Intitulé abrégé	Débit	Crédit
10/...		Effets à Rec.	4113000	Effets à recevoir	240 854,00	
10/...	174	Traite Clt	4110148	Client COFITAC		70 000,00
10/...	175	Traite Clt	4111057	Client DERNAUD		91 329,00
10/...	176	Traite Clt	4111165	Client LONGE		79 525,00
10/...	318	Traite Fr.	4011312	Fr. TOUSSET	40 254,00	
10/...	331	Traite Fr.	4011253	Fr. QUEMENER	49 276,00	
10/...		Effets à payer	4030000	Effets à payer		89 530,00
10/...	175	Traite escompte	5111400	Effets à l'escompte	91 329,00	
10/...	175	Traite escompte	4113000	Effets à recevoir		91 329,00

Bordereau de saisie — **Folio n° 44**
Code du journal : TR — Période de mai

Date	N° Pièce	Libellé	N° compte	Intitulé abrégé	Débit	Crédit
18/...	324	Avis Remise Esc.	5112001	Banque	90 727,26	
18/...	324	"	6270000	Services bancaires	2,00	
18/...	324	"	4456600	TVA déd. sur ABS	0,39	
18/...	324	"	6611000	Charges d'intérêt	599,35	
18/...	324	"	5111400	Effets à l'escompte		91 329,00

Bordereau de saisie — **Folio n° 87**
Code du journal : OD — Période de juin

Date	N° Pièce	Libellé	N° compte	Intitulé abrégé	Débit	Crédit
26/...	Bord.	Bord. Rem. Enc.	5111300	Effets à l'encaissement	149 525,00	
26/...	Bord.	"	4113000	Effets à recevoir		149 525,00

Bordereau de saisie — **Folio n° 92**
Code du journal : TR — Période de juin

Date	N° Pièce	Libellé	N° compte	Intitulé abrégé	Débit	Crédit
30/...	324	Avis Encaiss.	5112001	Banque	149 514,24	
30/...	324	"	6270000	Services bancaires	9,00	
30/...	324	"	4456600	TVA déd. sur ABS	1,76	
30/...	324	"	5111300	Effets à l'encaissement		149 525,00

6 La trésorerie

BORDEREAU DE SAISIE
JOURNAL DE *Banque*

B	*Q*	*03*				*0*	*0*	*1*
code journal		mois		an		folio		

JOUR	NUMÉRO DE COMPTE	CONTRE * PARTIE	DÉBIT	CRÉDIT	L.A. *	NUMÉRO DE PIÈCE	LIBELLÉ		
23	*512000*		*3 452,20*		*2*	*106*	*Remise*		1
	511210			*3 452,20*					2
23	*512000*		*1 569,78*			*08909*	*Cartes bancaires*		3
	627000		*13,92*						4
	511220			*1 583,70*					5
23	*401FID*		*1 000,00*		*2*	*2815818*	*Fiduciaire de France*		6
	512000			*1 000,00*					7
23	*580000*		*750,00*		*2*	*2095819*	*Caisse entreprise*		8
	512000			*750,00*					9
									10
									11
									12
									13
									14
									15
									16
									17
									18
									19
									20
	TOTAUX À REPORTER OU DU MOIS		*6 785,90*	*6 785,90*					

* L.A. 0 : **AGI**OS 1 : **AV**OIR 2 : **CH**ÈQUE 3 : **EFF**ET 4 : **ESC**OMPTE 5 : **ESP**ÈCES 6 : **FAC**TURES 7 : **IMP**AYÉS 8 : **RÉD**UCTION 9 : **VIR**EMENT

► **Établissez** l'état de rapprochement au 20/03.

État de rapprochement effectué le : 20/03 Etat n° 8

Relevé bancaire			Compte 512000 BNP dans nos livres		
LIBELLÉS	DÉBIT	CRÉDIT	LIBELLÉS	DÉBIT	CRÉDIT
Solde de fin de période		8 431,91	Solde de fin de période	17 394,55	
Chèque Meroux	1 279,73		*Commission LCR*		20,17
Versement espèces		4 000,00	*TVH*		3,95
			Prélèvement EDF		6 218,25
TOTAUX	1 279,73	12 431,91	TOTAUX	17 394,55	6 242,37
Solde rectifié	11 152,18		**Solde rectifié**	11 152,18	

► **Précomptabilisez** les corrections nécessaires du compte 512000 BNP.

BORDEREAU DE SAISIE
JOURNAL DE *Banque*

code journal: B Q — mois: 0 3 — an: — folio: 0 0 1

JOUR	NUMÉRO DE COMPTE	CONTRE * PARTIE	DÉBIT	CRÉDIT	L.A.*	NUMÉRO DE PIÈCE	LIBELLÉ	
20	627000		20,17		0	État 8	Commission LCR	1
	445660		3,95				TVA/commission LCR	2
	401EDF		6 218,25		9		EDF	3
	512000			6 242,37			État du 20/03	4
								5
								6
								7
								8
								9
								10
								11
								12
	TOTAUX À REPORTER OU DU MOIS		6 242,37	6 242,37				

* L.A. 0 : **AGIOS** 1 : **AVOIR** 2 : **CHÈQUE** 3 : **EFFET** 4 : **ESCOMPTE** 5 : **ESPÈCES** 6 : **FACTURES** 7 : **IMPAYÉS** 8 : **RÉDUCTION** 9 : **VIREMENT**

7 Le contrôle des comptes de tiers

► **Lettrez** et **contrôlez** les comptes clients.

Grand-livre partiel compte 411MOB à compte 411MOR

Compte n° 411MOB - Client MOBIN - FLORITEL SA En date du 31/03

Mvt	JL	Date	N° doc	Libellé	Échéance	Lettrage	Débit	Crédit	Solde
48	AC	01/01	125	Facture MOBIN	31/01	*A*	6 413,25		6 413,25
62	AC	15/01	165	Facture MOBIN	31/01	*A*	1 213,28		7 626,53
83	AC	18/01	175	Avoir MOBIN	31/01	*A*		347,75	7 278,78
92	BQ	02/02	1782	Chèque MOBIN	31/01	*A*		7 278,78	0,00
99	AC	05/02	183	Facture MOBIN	28/02	*B*	4 213,75		4 213,75
102	AC	15/02	208	Facture MOBIN	28/02	*B*	5 231,50		9 445,25
115	BQ	03/03	1801	Chèque MOBIN	28/02	*B*		9 445,25	0,00
134	AC	18/03	237	Facture MOBIN	30/04		6 120,00		6 120,00
142	BQ	20/03	1804	Chèque MOBIN	30/04			6 058,80	61,20
		Total du compte 411MOB		Client MOBIN			23 191,78	23 130,58	
		Solde débiteur							**61,20**

Compte n° 411MOL - Client MOLIN - LE LOTUS BLEU

Mvt	JL	Date	N° doc	Libellé	Échéance	Lettrage	Débit	Crédit	Solde
48	AC	01/01	128	Facture MOLIN	31/01	*A*	3 123,13		3 123,13
65	AC	17/01	169	Facture MOLIN	31/01	*A*	2 653,27		5 776,40
92	BQ	02/02	1782	Chèque MOLIN	31/01	*A*		5 776,40	0,00
95	AC	04/02	180	Facture MOLIN	28/02		4 138,50		4 138,50
109	AC	16/02	209	Avoir MOLIN	28/02	*B*		120,00	4 018,50
112	AC	17/02	224	Facture MOLIN	28/02	*B*	3 615,28		7 633,78
115	BQ	03/03	1801	Chèque MOLIN	28/02	*B*		3 495,28	4 138,50
115	BQ	03/03	1801	Chèque MOPIN	28/02			2 400,00	1 738,50
149	BQ	29/03	246	Facture MOLIN	30/04		6 418,00		8 156,50
		Total du compte 411MOL		CLIENT MOLIN			19 948,18	11 791,68	
		Solde débiteur							**8 156,50**

Compte n° 411MOP - Client MOPIN - FLORE

Mvt	JL	Date	N° doc	Libellé	Échéance	Lettrage	Débit	Crédit	Solde
48	AC	01/01	129	Facture MOPIN	31/01	*A*	1 854,50		1 854,50
92	BQ	02/02	1782	Chèque MOPIN	31/01	*A*		1 854,50	0,00
96	AC	04/02	181	Facture MOPIN	28/02		2 400,00		2 400,00
138	AC	08/02	183	Facture MOPIN	28/02		2 745,25		5 145,25
		Total du compte 411MOP		CLIENT MOPIN			6 999,75	1 854,50	
		Solde débiteur							**5 145,25**

Compte n° 411MOR - Client MORIN - AU STRELITZIA

Mvt	JL	Date	N° doc	Libellé	Échéance	Lettrage	Débit	Crédit	Solde
111	AC	13/02	187	Facture MORIN	28/02	*A*	6 785,03		6 785,03
115	BQ	03/03	1801	Chèque MORIN	28/02	*A*		6 785,00	0,03
139	AC	29/03	250	Facture MORIN	30/04		3 128,30		3 128,33
		Total du compte 411MOR		CLIENT MORIN			9 913,33	6 785,00	
		Solde débiteur							**3 128,33**

► **Complétez** les fiches d'anomalies.

411MOB - Client MOBIN - FLORITEL SA	
Anomalies constatées	**Solutions proposées**
Différence de 61,20 correspondant à un escompte de 1 %	*Solder le compte*
411MOL - Client MOLIN - LE LOTUS BLEU	
Anomalies constatées	**Solutions proposées**
Une facture non réglée	*Lettre de rappel à établir*
Une erreur pour le chèque Mopin	*Rectifier par une écriture*
411MOP - Client MOPIN - FLORE	
Anomalies constatées	**Solutions proposées**
Une facture non réglée	*Lettre de rappel à établir*
à l'échéance du 28/02	
411MOR - Client MORIN - AU STRELITZIA	
Anomalies constatées	**Solutions proposées**
Arrondi de 0,03 F	*Passer une écriture rectificative*

► **Complétez** (si nécessaire) les fiches des courriers pour rappel de règlement.

Rappel de règlement à établir au : 02/04

Liste des variables

Titre ou civilité : *Monsieur*

Gérant-exploitant : *MOLIN*

Enseigne : *Le Lotus bleu*

Adresse : *Route de l'Ardèche*
26230 Grigan

Référence des factures non payées

N° document	Date	Montant	Échéance
180	*04/02*	*4 138,50*	*28/02*

Visa contrôleur	Visa service courrier

Rappel de règlement à établir au : 02/04

Liste des variables

Titre ou civilité : *Monsieur*

Gérant-exploitant : *MOPIN*

Enseigne : *MOPIN-FLORE*

Adresse : *24 place de l'Hôtel de ville*
26000 Valence

Référence des factures non payées

N° document	Date	Montant	Échéance
183	*08/02*	*2 745,25*	*28/02*

Visa contrôleur	Visa service courrier

► **Établissez** l'avoir client.

mariflor
25 bd Marre Desmarais
26200 Montélimar
SIRET 478 789 255 00045
Tel : 04.75.52.08.34
Fax : 04.75.52.08.43

AVOIR n° 245

Le : *02/04*

M. *MOBIN*
FLORITEL SA
124 rue de la Cathédrale
07220 VIVIERS

Libellé	Montant en euros
Escompte de 1 % accordé pour paiement comptant	*61,20*
Escompte hors taxe	*51,17*
TVA 19,60 %	*10,03*
Total à votre crédit	*61,20*

► **Précomptabilisez** la rectification des anomalies constatées dans les comptes Clients à la date du 2/04 (toutes les écritures ont été validées et ne peuvent donc être modifiées).

O D *04* *0 0 1*

mariflo*RD*
25 bd Marre Desmarais
26200 Montélimar
SIRET 478 789 255 00045
Tel : 04.75.52.08.34
Fax : 04.75.52.08.43

AVOIR n° 245

Le :

M.

02	*665000*	*51,17*		*1*	*245*	*MOBIN*
	445710	*10,03*				
	411 MOB		*61,20*			
02	*411 MOL*	*2 400,00*		*2*	*1801*	*MOPIN*
	411 MOP		*2 400,00*			
02	*658000*	*0,03*		*2*	*1801*	*MORIN*
	411 MOR		*0,03*			
		2 461,23	*2 461,23*			

Escompte de 1 % accordé pour paiement comptant
Escompte hors taxe
TVA 19,60 %
Total à votre crédit

*L.A. 0 : **AGIOS** 1 : **AVOIR** 2 : **CHÈQUE** 3 : **EFFET** 4 : **ESCOMPTE** 5 : **ESPÈCES** 6 : **FACTURES** 7 : **IMPAYÉS** 8 : **RÉDUCTION** 9 : **VIREMENT**

LES ACTIVITÉS INFORMATISÉES

Les quatre dossiers proposés sont dépendants les uns des autres. Il est donc impératif de conserver une sauvegarde sur disquette des travaux effectués à chaque activité. Trois disquettes sont nécessaires.

LES ACTIVITÉS PROPOSÉES Logiciels utilisés	Disquettes			Outils de communication possibles
	1	2	3	
Les activités liées aux tâches préparatoires Création des fichiers de base – Logiciel de gestion commerciale – Logiciel de comptabilité – Base de données (SGBD)	■	■	■	
Les activités liées aux opérations de ventes Les documents commerciaux (commande, livraison, facture et devis) Lettre d'accompagnement au devis Enregistrement comptable des factures établies – Logiciel de gestion commerciale – Texteur – Logiciel de comptabilité	■	■	■	Minitel ou Internet pour une recherche d'adresse
Les activités liées aux opérations d'achats Commande à un fournisseur Tableau de comparaison d'offres Enregistrement comptable des factures reçues – Logiciel de gestion commerciale – Tableur – Logiciel de comptabilité	■	■	■	Télécopieur
Les activités liées aux règlements différés Analyse des documents relatifs aux règlements (Effets, chèques, avis et bordereaux bancaires) Enregistrement comptable des règlements Contrôle des comptes clients Prévision de trésorerie – Logiciel de comptabilité – Tableur		■	■	

Organisez-vous pour réaliser ces activités.
Le premier dossier est entièrement à réaliser sur votre poste informatique.
Le deuxième dossier et les suivants comprennent des tâches qui doivent être réalisées sur table (documents à compléter, bordereau à remplir, tableau et texte à préparer), ainsi que des travaux informatiques (saisie, contrôles, recherches, éditions).
Pour réaliser convenablement chaque dossier, vous devez maîtriser l'outil informatique préconisé.

Les activités liées aux tâches préparatoires

TRAVAUX À EFFECTUER LE 1[ER] MARS

Avec le logiciel de gestion commerciale

❐ Imprimez la liste des fournisseurs avec le code, le nom, l'adresse, le mode de règlement, vérifiez et modifiez votre saisie si nécessaire.

Liste des fournisseurs de tondeuses

Code	Nom	Adresse	CP	Ville	Mode de réglement
COL	COLLINS MOTOR	78 rue du quai Bélon	51100	Reims	Chèque à 30 jours
REN	RENARD	2 rue Léon Maltin	75004	Paris	Traite à 30 jours fin de mois le 5

❐ Imprimez la liste des clients avec le code, le nom, l'adresse, le règlement et l'échéance, vérifiez et modifiez votre saisie si nécessaire.

Code	Société	Adresse	Mode de règlement	Échéance
CAM	Parcs et Loisirs Cambrinus	13 route des Abeilles 59400 Cambrai	Chèque	Aucune
DIV	Clients divers		Chèque	Aucune
EEV	Entretien Espaces Verts	113 rue de l'Étang 59192 Beuvrages	Traite	30 jours fin de mois le 10
MET	METAL-NORD	124 rue de la Buissière 59300 Valenciennes	Traite	30 jours fin de mois le 10

❐ Imprimez la liste des articles avec le code, le stock réel, mini, maxi, le prix d'achat HT et le prix de vente HT, vérifiez et modifiez votre saisie si nécessaire.

Liste des articles

Réf.	Stock réel	Stock mini	Stock maxi	Prix d'achat HT	Prix de vente HT
C07	3	1	4	798,83	1 198,25
C13	3	1	3	1 263,04	1 894,94
C16	3	1	3	1 433,02	2 149,53
R12	4	2	6	586,17	884,20
R13	1	2	6	672,30	1 009,21
R14	2	1	5	841,52	1 262,28

Avec le logiciel de comptabilité

❒ Imprimez le brouillard du journal des OD, vérifiez, corrigez en cas d'erreur.

Brouillard du journal des opérations diverses

Le 1er mars — en euros

JL	N° compte	Désignation des comptes	Libellé de l'écriture	Débit	Crédit
AN	**101000**	Capital	Reprise de la balance		68 602,06
AN	**215000**	Installations techniques matériel et outil. indus.	Reprise de la balance	15 244,90	
AN	**218200**	Matériel de transport	Reprise de la balance	18 293,88	
AN	**218300**	Matériel de bureau et informatique	Reprise de la balance	7 622,45	
AN	**218400**	Mobilier	Reprise de la balance	4 573,47	
AN	**401COL**	Fournisseur COLLINS MOTOR	Reprise de la balance	12 903,44	
AN	**401COL**	Fournisseur COLLINS MOTOR	Reprise de la balance		15 996,01
AN	**401DIV**	Fournisseur DIVERS	Reprise de la balance	1 838,54	
AN	**401DIV**	Fournisseur DIVERS	Reprise de la balance		2 901,21
AN	**401LED**	Fournisseur LEDUC	Reprise de la balance		643,49
AN	**401PRE**	Fournisseur Garage PRESTO	Reprise de la balance		358,62
AN	**401REN**	Fournisseur RENARD	Reprise de la balance	8 063,08	
AN	**401REN**	Fournisseur RENARD	Reprise de la balance		16 199,50
AN	**403000**	Fournisseurs-Effets à payer	Reprise de la balance		8 063,08
AN	**411DIV**	Clients DIVERS	Reprise de la balance	838,32	
AN	**411DIV**	Clients DIVERS	Reprise de la balance		480,82
AN	**411MET**	Client MÉTAL-NORD	Reprise de la balance	9 486,90	
AN	**411MET**	Client MÉTAL-NORD	Reprise de la balance		9 486,90
AN	**411EEV**	Client Entretien Espaces Verts	Reprise de la balance	2 234,96	
AN	**411EEV**	Client Entretien Espaces Verts	Reprise de la balance		2 234,96
AN	**411CAM**	Client CAMBRINUS	Reprise de la balance	1 322,61	
AN	**411CAM**	Client CAMBRINUS	Reprise de la balance		124,74
AN	**413000**	Clients-Effets à recevoir	Reprise de la balance	11 912,42	
AN	**413000**	Clients-Effets à recevoir	Reprise de la balance		190,56
AN	**445670**	Crédit de TVA à reporter	Reprise de la balance	3 721,43	
AN	**512000**	Banque BNP	Reprise de la balance	13 141,82	
AN	**512000**	Banque BNP	Reprise de la balance		6 396,00
AN	**531000**	Caisse	Reprise de la balance	5 941,75	
AN	**531000**	Caisse	Reprise de la balance		4 247,90
AN	**607000**	Achats de marchandises	Reprise de la balance	26 696,11	
AN	**606100**	Fournitures non stockables	Reprise de la balance	401,02	
AN	**606300**	Fournitures d'entretien petits équipements	Reprise de la balance	226,69	
AN	**606400**	Fournitures administratives	Reprise de la balance	1 034,00	
AN	**613000**	Locations	Reprise de la balance	881,16	
AN	**615000**	Entretiens et réparations	Reprise de la balance	297,37	
AN	**622600**	Honoraires	Reprise de la balance	533,57	
AN	**623000**	Publicités	Reprise de la balance	192,15	
AN	**626000**	Frais postaux et télécommunications	Reprise de la balance	166,63	
AN	**627000**	Services bancaires	Reprise de la balance	153,33	
AN	**635000**	Autres impôts, taxes et versements assimilés	Reprise de la balance	403,99	
AN	**658000**	Charges diverses gestion courante	Reprise de la balance	0,39	
AN	**707000**	Ventes de marchandises	Reprise de la balance		11 511,43
AN	**708000**	Produits des activités annexes	Reprise de la balance		689,07
AN	**758000**	Produits divers gestion courante	Reprise de la balance		0,03
		Totaux		**148 126,38**	**148 126,38**

Avec le logiciel de base de données (SGBD)

❒ Créez la requête nécessaire pour n'obtenir que la liste des « Autres fournisseurs », et imprimez cette liste.

Pour obtenir la liste des autres fournisseurs par une requête il est nécessaire de rajouter un champ dans la base de données par exemple : « Catégorie » et d'indiquer s'il s'agit de « tondeuses » ou « autres ».

Liste des autres fournisseurs

Code 401	LED	PRE	DIV
Catégorie	**Autres**	**Autres**	**Autres**
Nom	Cabinet LEDUC Expert comptable	Garage PRESTO	Divers
Forme juridique		SARL	
Capital		10 000 €	
Adresse	24 rue Louis Sorlin	12 rue Anatole Glineur	
CP Ville	59410 Anzin	59770 Marly	
Contact	M. Leduc	M. Delfosse	
Poste occupé	Expert-comptable	Directeur	
N° tél.	03 27 27 33 66	03 27 27 15 18	
N° fax.	03 27 27 33 70	03 27 27 15 25	
Mode de règlement	Chèque	Chèque	
Échéance	au 15	au 15	
Banque	Crédit Mutuel	Caisse d'Épargne	
Adresse banque	8 rue des Jonquilles	81 rue Bernard Lotiaux	
CP Ville banque	59410 Anzin	59770 Marly	
Code établissement	50001	15509	
N° guichet	01200	50000	
N° compte	00003698745	04091150312	
Clé RIB	05	30	

Les activités liées aux opérations de vente

TRAVAUX À EFFECTUER LE 2 MARS

Avec le logiciel de gestion commerciale

❐ Saisissez et imprimez l'accusé de réception de commande.

Document : **Accusé réception de commande**

Destinataire : Métal-Nord
124 rue de la Buissière
59300 Valenciennes

Date : 02-mars — Échéance 02 mars

Réf.	Désignation	Quantité	PU HT	Montant
R12 C16	Renard Loisirs 12 CV Collins 16 CV	1 1	884,20 2 149,53	884,20 2 149,53
	Total hors taxe			3 033,73
	TVA 19,6 %			594,61
	Net à payer		**Euros**	**3 628,34**

❐ Saisissez et imprimez le bon de livraison.

Document : **Bon de livraison**

Destinataire : Entretien Espaces Verts
113 rue de l'Étang
59192 Beuvrages

Date : 02-mars — Échéance 02 mars

Réf.	Désignation	Quantité	PU HT	Montant
R12	Renard Loisirs 12 CV Remise 10 %	2	884,20	1 768,40 – 176,84
	Total hors taxe			1 591,56
	TVA 19,6 %			311,95
	Net à payer		**Euros**	**1 903,51**

❒ Créez automatiquement la facture correspondante au bon de livraison, vérifiez et imprimez.

La facture correspond au bon de livraison

❒ Saisissez et imprimez la facture relative au bulletin de commande reçu.

Document : **Facture**

Destinataire : Parcs et loisirs Cambrinus
13 route des Abeilles
59400 Cambrai

Date : 02 mars — Échéance 02 mars

Réf.	Désignation	Quantité	PU HT	Montant
R13	Renard Loisirs 13 CV	1	1 009,21	1 009,21
	Total hors taxe			1 009,21
	TVA 19,6 %			197,81
	Net à payer		**Euros**	**1 207,02**

❒ Complétez le bordereau de recherche de l'adresse du client.

ADRESSE : *Place de l'Hôtel de ville 59600*

Tél. : **03 27 53 75 75** Fax : **03 27 53 75 00**

❒ Saisissez et imprimez le devis.

Document : **Devis**

Destinataire : Mairie de Maubeuge
Place de l'Hôtel de ville
59600 Maubeuge

Date : 02 mars — Échéance 02 mars

Réf.	Désignation	Quantité	PU HT	Montant
R14	Renard Loisirs 14 CV	2	1 262,28	2 524,56
	Remise 8 %			– 201,96
C16	Collins 16 CV	2	2 149,53	4 299,06
	Remise 10 %			– 429,91
	Total hors taxe			6 191,75
	TVA 19,6 %			1 213,58
	Net à payer		**Euros**	**7 405,33**

Avec le texteur

❒ Saisissez et imprimez la lettre d'accompagnement du devis.

BELESPACE

Le spécialiste de la tondeuse autoportée
SA au capital de 70 000 €
25 rue des Platanes 59300 Valenciennes
Tél. 03 27 27 44 33 - Fax. 03 27 27 44 34
E-mail : belespace@loctel.fr

Services administratifs
Mairie de Maubeuge
Place de l'hôtel de ville

59600 Maubeuge

P. J. : **Devis**

Objet : **Votre demande de prix**

Valenciennes, le 2 mars

Monsieur,

Nous vous remercions pour votre demande de prix reçue ce jour par courrier électronique.

Une remise de 10 % sur les tondeuses Collins 16 CV et une remise de 8 % sur les Renard Loisirs 14 CV sont accordées.

Les articles peuvent vous être livrés sous huitaine dès réception de votre commande.

Veuillez agréer, Monsieur, nos salutations distinguées.

Le Directeur

Ronvan

Avec le logiciel de comptabilité

❒ Précomptabilisez sur bordereau les deux factures éditées ce jour.

Bordereau de saisie

Journal de : Ventes — code VJ

Date	N° Pièce	Libellé	N° compte	Débit		Crédit	
02/03	Facture 1	Facture EEV	411EEV	1 903	51		
.../...			707000			1 591	56
.../...			445710			311	95
02/03	Facture 2	Facture Cambrinus	411CAM	1 207	02		
.../...			707000			1 009	21
.../...			445710			197	81
.../...							
.../...							
.../...							
.../...							
		Vérification		3 110	53	3 110	53

❒ Imprimez le brouillard du journal des ventes, vérifiez, corrigez en cas d'erreur.

Brouillard identique au bordereau.

Les activités liées aux opérations d'achat

TRAVAUX À EFFECTUER LE 3 MARS

Avec le logiciel de gestion commerciale

❒ Consultez le fichier articles pour rechercher le stock réel et la quantité commandée par les clients (et non encore livrée). Complétez le bordereau.

Détection des ruptures de stock **Le : 02/03**

Réf.	Désignation	Fournisseur	Quantité à commander	Stock mini	Stock réel	Commande client
C07	**Collins 7,5 CV**	COLLINS	3	1	0 3	0 0
C13	**Collins 13 CV**	COLLINS	2	1	0 3	0 0
C16	**Collins 16 CV**	COLLINS	2	1	0 3	0 1
R12	**Renard Loisirs 12 CV**	RENARD	4	2	0 2	0 1
R13	**Renard Loisirs 13 CV**	RENARD	4	1	0 0	0 0
R14	**Renard Loisirs 14 CV**	RENARD	4	1	0 2	0 0

Surlignez les articles à réapprovisionner

❒ Établissez le bon de commande pour les articles à réapprovisionner et imprimez.

Document : **Commande fournisseur**

Destinataire : RENARD
2, rue Léon Maltin
75004 Paris

Date : 03 mars Échéance 10 mai

Réf.	Désignation	Quantité	PU HT	Montant
R12	Renard Loisirs 12 CV	4	586,17	2 344,68
R13	Renard Loisirs 13 CV	4	672,30	2 689,20
	Total hors taxe			5 033,88
	TVA 19,6 %			986,64
	Net à payer		**EUROS**	**6 020,52**

❐ Complétez la page de garde de la télécopie qui sera envoyée avec la commande au fournisseur.

BELESPACE

SA au capital de 70 000 €
25 rue des Platanes
59300 Valenciennes
Tél. 03 27 27 44 33
Fax 03 27 27 44 34

PAGE DE GARDE DE TELECOPIE

Destinataire : *Monsieur Dussart*

Entreprise : *Renard*

Fax : *01 34 34 06 10*

Date : *03/03*	Nombre de page(s) : (y compris celle-ci) *2*

☐ Urgent ☐ Pour information ☐ Réponse souhaitée ☐ Pour avis ☐ Confidentiel

OBJET : *Monsieur,*

Veuillez trouver ci-joint notre commande

Salutations

Avec le tableur

❐ Prenez connaissance du tableau demandé et préparez les calculs.

Préparation des calculs :

B4 : *=B2*B3* .... Recopier jusqu'en : *D4*

B5 : *=B2–B4* .... Recopier jusqu'en : *D5*

B8 : *=B5+B6+B7 ou =Somme(B5 : B7)* .... Recopier jusqu'en : *D6*

B9 : *=B8/1,206* .... Recopier jusqu'en : *D9*

❐ Imprimez le tableau et enregistrez votre travail sous le nom HP4000N.

❐ Surlignez le nom du fournisseur que vous préconisez et les éléments qui ont guidé votre choix.

Forme du tableau à présenter :

COMPARAISON DES OFFRES DE PRIX POUR L'ACHAT DE L'IMPRIMANTE HP 4000 N

	A	B	C	D
1	Fournisseur	*Wenner*	*Infopuce*	*Valmicro*
2	Prix catalogue	*1 600,00*	*1 520,00*	*1 540,00*
3	% remise	*10 %*	*5 %*	
4	Montant remise	*160,00*	*76,00*	*–*
5	Prix net	*1 440,00*	*1 444,00*	*1 540,00*
6	Transport	*23,00*	*38,00*	
7	Extension garantie	*75,00*	*70,00*	
8	Prix réel TTC	*1 538,00*	*1 552,00*	*1 540,00*
9	Prix réel hors taxe	*1 285,95*	*1 297,66*	*1 287,63*
10	Délai de livraison	*Sous huitaine*	*Sous huitaine*	*Disponible*

Il est souhaitable de choisir Valmicro : pour 1,68 € de plus l'imprimante est disponible et le SAV est sur place.

► **Précomptabilisez** les documents ou les bordereaux de saisie concernés.

Bordereau de saisie

Journal de : *Achats* code *AC*

Date	N° Pièce	Libellé	N° compte	Débit	Crédit
2/03	1457	Facture expert comptable Leduc	622600	175,00	
2/03	1457	Facture expert comptable Leduc	445660	34,30	
2/03	1457	Facture expert comptable Leduc	401LED		209,30
2/03	16841	Facture garage Presto	615000	248,76	
2/03	16841	Facture garage Presto	445660	48,76	
2/03	16841	Facture garage Presto	401PRE		297,52
2/03	114	Facture Papeterie de la Place	606400	18,10	
2/03	114	Facture Papeterie de la Place	445660	3,55	
2/03	114	Facture Papeterie de la Place	401DIV		21,65
2/03	1212	Facture Infogarden	218300	412,00	
2/03	1212	Facture Infogarden	445620	80,75	
2/03	1212	Facture Infogarden	404000		492,75
2/03	697	Facture Meuble Technique	606400	971,10	
2/03	697	Facture Meuble Technique	624000	25,00	
2/03	697	Facture Meuble Technique	445660	192,31	
2/03	697	Facture Meuble Technique	401DIV		1 173,47
2/03	697	Facture Meuble Technique	775000		14,94
2/03	433	Avoir Renard SA	609000		714,00
2/03	433	Avoir Renard SA	445660		139,94
2/03	433	Avoir Renard SA	401REN	853,94	
2/03	379	Facture Bricoutillage	606300	137,50	
2/03	379	Facture Bricoutillage	215000	426,00	
2/03	379	Facture Bricoutillage	445660	26,95	
2/03	379	Facture Bricoutillage	445620	83,50	
2/03	379	Facture Bricoutillage ①	401DIV		164,45
2/03	379	Facture Bricoutillage ①	404000		509,50
2/03	089	Facture Rendez-vous chasseurs	626000	20,40	
2/03	089	Facture Rendez-vous chasseurs	635000	22,86	
2/03	089	Facture Rendez-vous chasseurs	401DIV		43,26
.../...					
.../...					
.../...		① ou globalement en 404000 673,95			

Aucune opération n'est enregistrée dans le journal des OD, les achats enregistrent toutes les factures et avoirs fournisseurs.

Bordereau de saisie

Journal de : *Opérations diverses* code *OD*

Date	N° Pièce	Libellé	N° compte	Débit	Crédit
.../...					
.../...					
.../...					

Les activités liées aux règlements différés

Le 3 mars, des documents relatifs aux règlements vous sont remis : effets de commerce, chèques, avis bancaires, bordereaux bancaires.

❒ Saisissez les bordereaux de saisie sur votre poste informatique.

Bordereau de saisie

Journal de : *Opérations diverses* code OD

Date	N° Pièce	Libellé	N° compte	Débit	Crédit
03/03	11458	Remise encaissement effets	511300	11 721,86	
03/03	"	"	413000		11 721,86
03/03	102	Effet sur Espace vert	413000	1 903,51	
03/03	"	"	411EEV		1 903,51
../...					
../...					
../...					
../...					
../...					
../...					
../...					
../...					

Bordereau de saisie

Journal de : *Banque* code BQ

Date	N° Pièce	Libellé	N° compte	Débit	Crédit
03/03	18	Remise chèques	512000	1 554,50	
03/03	"	"	411CAM		1 197,00
03/03	"	"	411DIV		357,50
03/03	3824567	Ch. Collins Motor	401COL	3 092,57	
03/03	"	"	512000		3 092,57
05/03	0302	Effet domicilié Renard	403000	8 063,08	
05/03	"	"	512000		8 063,08
../...					
../...					
../...					
../...					
../...					
../...					
../...					
../...					

❒ Rédigez l'effet de commerce n° 102 tiré sur le client Entretien Espaces Verts, accepté le 2 mars sur facturation en date du 1er mars.
Traite pour solde du compte : vérifier sur le compte individuel.

Belespace SA
25 rue des Platanes
54300 Valenciennes

Contre cette LETTRE DE CHANGE stipulée SANS FRAIS veuillez payer la somme indiquée ci-dessous à l'ordre de : *nous-mêmes*

N° 102

A *Valenciennes* LE ▼

E U R

MONTANT POUR CONTROLE	DATE DE CRÉATION	ÉCHÉANCE	Ref. tiré	MONTANT
1 903,51	*1er mars*	*10.05*		*1 903,51*

R.I.B. DU TIRÉ

code établ.	code guichet	N° de compte	clé R.I.B.
30008	*04500*	*00002236564*	*90*

DOMICILIATION : *Crédit Agricole Beuvrages*

ACCEPTATION OU AVAL
Le 2.03

NOM et ADRESSE du TIRÉ : *Entretien Espaces verts*, *113 rue de l'Etang*, *59192 Beuvrages*

signature du tireur
Ronvan

N° SIREN du TIRÉ *456 799 413*

Ne rien inscrire sous cette ligne ▼

❒ Complétez le bordereau de remise à l'encaissement des chèques reçus n° 11458, déposé le 3 mars à la banque.

Bordereau de remises d'effets

BNP PARIBAS

Agence : *Dampierre* 092 114 58 184 229 16

Date : *Valenciennes le 3 mars*

(1)		
	Escompte en intérêts	1
	Escompte de chaîne	2
	Escompte en valeur	3
X	Encaissement	5

(1) Mettre une croix dans la case correspondante

Nom et adresse du client
Belespace SA
25 rue des Platanes
Code et lieu d'acheminement postal
59300 Valenciennes

Référence du contrat agence	type	numéro	Date de départ des agios	N.S.C	Réf. remise	Cond.	Date de valeur
30004	*146*	*2113 07 08*					

Nom du tiré	Domiciliation	Échéance	Montant
Sté Métal-Nord	*SG Valenciennes*	*10.03*	*9 486,90*
Sté Entretien Espaces Verts	*CA Beuvrages*	*10.03*	*2 234,96*

Griffe de réception de l'agence

Total........ *11 721,86*

Effets retirés ....

Crédit en compte *11 721,86*

Nombre d'effets : *2*

Ph 0754 07/98 1

❒ Complétez le bordereau de remise à l'encaissement des chèques reçus n° 542 et 4567, déposés le 3 mars à la banque. Reprendre les valeurs qui figurent sur les chèques, il n'y a pas de lettre de réclamation à faire concernant l'écart de centimes.

BNP PARIBAS — *Remise n° 18*

Remise de chèques

Le montant de ce dépôt vous est escompté ce jour et pourra être éventuellement contre-passé au débit de votre compte en cas de non-paiement partiel ou total (voir au verso l'avis au bénéficiaire).

[X] Sur rayon [ ] Hors rayon

Etablir un bordereau distinct par nature de dépôt

Réservé à la Banque
Service : PA :
N° Opé :
N° d'ordre : Folio : Document :

Date	Code agence	N° de compte (8 chiffres)	Réservé BNP
0303	*01100*	*14621307*	

Emetteurs Ets payeurs et lieux de paiement	Montants
Cambrinus BNP	*1 197,00*
Marin BPN	*357,50*
2 Chèque(s) pour FRF	*1 554,50*

Nom et adresse du bénéficiaire

Belespace SA

Agence tenant le compte: *Dampierre - Valenciennes*

Référence dépôt (facultatif)

Banque Nationale de Paris - S.A. au capital de 5.460.266.775 Francs - Siege Social : 16, bd des Italiens - Paris (9e)
Immatriculée sous le n° 662 042 449 - R.C.S. Paris - Identifiant C.E. FR76662042449

❒ Établissez ce jour le chèque n° 567 que vous adressez au fournisseur COLLINS MOTOR pour un montant correspondant au solde de son compte à la date du 1er mars.

N° 3824567 Date *03/03* Ordre *Collins Motor* € *3 092,57*

à rédiger exclusivement en euros

BNP PARIBAS

Payez contre ce chèque non endossable *Trois mille quatre vingt douze euros 57*

sauf au profit d'un établissement bancaire ou assimilé

à *Collins Motor*

€ *3092,57*

Payable en France — Agence N° — Compte N°

Agence DAMPIERRE — 01100 — 14621307
6, AVENUE DAMPIERRE — Sté BELESPACE SA
59300 — 25, rue des Platanes
VALENCIENNES — 59300 Valenciennes

0 802 35 57 50

à *Valenciennes* le *03/03*

Ronvan

chèque n°

(14)

3824567 059030004008 0110014621307

❒ Complétez le 3 mars le bordereau du suivi des comptes clients à partir du constat résultant du lettrage des comptes clients.

Relevé des anomalies après lettrage — n° 0301

N° des comptes clients	Anomalie Oui	Anomalie Non	Le	Correction à faire
411CAM	[X]	[ ]	*03/03*	*différence de Cts dans 658000*
	[ ]	[ ]	....	
	[ ]	[ ]	....	
	[ ]	[ ]	....	
	[ ]	[ ]	....	

❒ Réalisez le tableau.

Vous devez effectuer une prévision de la trésorerie pour le mois de mars, à partir des informations qui vous ont été fournies.

Des informations pour la période de mars sont à rechercher dans les documents du dossier.

D	Achats à payer en mars	8 643,86	Remboursement crédit de TVA	3 721,43	R
D	Effets à payer échus	8 063,07	Honoraires	321,74	D
R	Produits à encaisser en mars	5 335,72	Effets à recevoir échus	11 721,86	R
D	Location immeubles à payer	881,16	Taxes diverses à payer	403,99	D
D	Chèques adressés aux fournisseurs	3 092,57	Chèques reçus des clients	1 555,28	R
	Découverts sur compte courant : 10 000 €				

D = Dépenses R = Recettes

Projet de présentation
Votre responsable de service vous propose un tracé de document qu'il vous demande de réaliser sur le tableau mis à votre disposition.

	A	B
1	**PRÉVISION DE TRÉSORERIE POUR LE MOIS DE MARS**	
2	Recettes	Montant
3	*Produits divers à encaisser*	*5 335,72*
4	*Remboursement crédit de TVA*	*3 721,43*
5	*Effets à recevoir échus*	*11 721,86*
6	*Chèques reçus des clients*	*1 555,28*
7	Total des recettes prévisionnelles	*22 334,29*
8	Dépenses	Montant
9	*Achats divers*	*8 643,86*
10	*Effets à payer échus*	*8 063,07*
11	*Location immeuble à payer*	*881,16*
12	*Chèques aux fournisseurs*	*3 092,57*
13	*Honoraires*	*321,74*
14	*Taxes diverses*	*403,99*
15	Total des dépenses prévisionnelles	*21 406,39*
16	Disponibilités au 1er mars	**8 439,67**
17	Recettes prévisionnelles du mois	*22 334,29*
18	Dépenses prévisionnelles du mois	*21 406,39*
19	Disponibilités prévues en fin de mois	*+ 9 367,57*
20	Découverts autorisés	*10 000,00*
21	Trésorerie disponible en fin de mois	*19 367,57*

Indiquez les formules que vous allez créer pour les cellules suivantes.

Cellules	Formules	Cellules	Formules
B7	*= Somme (B3 : B6)*	B18	*= B15*
B15	*= Somme (B9 : B14)*	B19	*= B16 + B17 – B18*
B17	*= B7*	B21	*= B19 + B20*

Composition : Compo 2000
Éditions Foucher – PARIS – n° 22061 – Septembre 2002 – 02 – LDF-MR/EG
Imprimerie France Quercy, 46001 Cahors - N° d'impression : 22061